企業変革を牽引する新世代リーダー

ダイナモ人を呼び起こせ

Dynamo
Revolution

知識創造
プリンシプル
コンソーシアム

仙石太郎　荻原直紀
向江美緒　田中順子
　　　紺野登

日経BP

はじめに
Preface

「今、あなたの企業にもっとも不要な人材は、優秀なヤツだ」。そう言われたら、あなたは驚くだろうか。

「これまで大切にしてきた経営の原則（プリンシプル）をすべて入れ替えなければ、あなたの会社に未来はない」。これはどうだろう？

この二つは、この本のキー・クエスチョンである。新型コロナウイルス感染症に限らず、経営環境の変化と複雑化は、とうの昔に常態となっている。企業も経営もそのあり方を一新（アップデート）すべきと、経営学者も経営者も口を揃えて言っている。それにもかかわらず、日本企業の組織の活力は失われ、社会や技術の変化への感度は鈍る一方なのが実態のようだ。筆者が行った経営者・管理職への調査（詳細は後述）では、「喫緊の経営課題」と「5年後の経営課題」の上位の順位には、まったく変化がなかった。「このままではまずい」と言いながら、私たちは5年後も同じ経営をしようというのだろうか？

5人の筆者は、野中郁次郎氏（一橋大学名誉教授）の薫陶を受け、20年以上にわたり、知識創造経営やイノベーションの研究とコンサルティング、実践をしてきた。その過程で、多くの日本企業の経営者・管理職とさまざまなプロジェクトでご一緒してきたが、「イノベーションや変革の重要性は、10～20年前よりさらに語られている。しかし、変化を起こすという気概は今の方が低い、本気で変化を起こそうとする実践に至っては今の方が圧倒的に少ない」というのが、偽らざる実感である。

熱量あふれる変革リーダーや鬼気迫るイノベーション物語は、昔から希少ではあったが、少なくとも存在した。「この組織をなんとか良くしたい」、「困りごとに直面している人たちに、このサービスを届けたい」などの利

他的な目的に向かい、強い思いを持ちながら、しかし、どこか楽観的で行動主義のリーダーが率いるプロジェクトが、ご一緒した日本企業には、たしかにあったのだ。

　失われた30年を経て、しかし、そうしたリーダーや物語に出会うことは、極端に少なくなった。近頃の組織変革やイノベーション物語は、「失敗に終わる」のでなく、「口先だけで本気で取り組みもしない（三振しないが、そもそもバッターボックスに立たない）」ようになってしまっているというのが筆者の見立てである。そして、「優秀なヤツほど、バッターボックスに立たない（リスクを巧みに回避する）」というのが、少々乱暴な冒頭の問いである。

　あなたの会社で「優秀なヤツ」とは、どんな人を指すだろうか？　いわゆる「出世する（しそう）」な人だろうか？　つねに高い業績を出す人？　上司の指示に応え、時には先回りできる人？　あるいは、上手に根回しする、社内調整に長けた人だろうか？「優秀な人材」が予測可能な未来を想定して、精緻な計画と確実な実行を前提とする経営を磨けば磨くほど、イノベーションや変革を実践する「余白」は、組織から失われていった。

　イノベーション物語や企業変革を推進する人材には、利他的な目的を掲げ、できない理由よりもできる可能性に着目し、圧倒的熱量と行動力を伝播させながら、人を巻き込む力がある。本書では、このような人たちを「ダイナモ」（dynamo：直接には「発電機」の意）と呼んでいる。ダイナモは、一言で言えば「元気なヤツ」だ。筆者が会ってきた変革リーダーやイノベーション物語の先頭に立つ人は、ほぼ例外なくダイナモである。

　彼らの話は面白く、自然と惹きつけられる。明るい未来に向かい、できると信じて疑わず、本気度にあふれた一人称で語り、行動を伴う。聞いている側に直接関係のない話でも、ついつい「お供します！」と言いたくなるような伝播力が、ダイナモにはあるのだ。

　ダイナモの行動・思考は、「優秀なヤツ」とは対照的だ。計画ではなく目的に突き動かされ、分析よりも主観（思い）を大切にし、証明すること

（確かめる）よりも実験すること（やってみる）を好む。決められたことを決められた通りに実行することは、必ずしも得意ではなかったりするが、人が気づかない困りごとを探しだし、その解決を目的として掲げ、人を巻き込みながら新たな活動を連続的に起こしていくのである。

　冒頭の問いは、より正確に言えば、「イノベーションや変革にこれ以上なく迫られた今、あなたの組織がもっとも必要としているのは、言われたことをそつなくこなす従来型の『優秀な人材』ではない。正しい目的を設定し、その目的に向かって自ら行動を起こし、必要とあらば計画やルールから逸脱できる『元気なヤツ（ダイナモ）』ではないか?」ということだ。しかし、もともと希少とはいえ一定数存在したダイナモは、今の日本の組織では、ほとんど見られなくなってしまった。いったいなぜだろうか。

　経営者がダイナモを登用してこなかった、組織文化に馴染まなかったなど、いろいろな答え方があるだろう。筆者は、「日本企業が重視してきた経営の原則には、ダイナモを排除する強力な力学が働いていたから」だと考える。経営者や管理職が悪意を持ってダイナモを排除したのではなく（組織によってはそういう面もあったかもしれないが）、日本企業の現在の経営の原則と経営システムが強化されるうちに、ダイナモの居場所が奪われ、次世代のダイナモが育つ機会が摘み取られてしまったのだ。失われた30年とは、イノベーションや変革の原動力となる人材を、知らずしらずのうちに一掃してしまった年月でもあるのだ。

ダイナモとは？

　「ダイナモ（Dynamo）」は、発電機という意味の言葉だが、この言葉を組織の活力の源泉となる層として最初に使ったのは、PSF（プロフェッショナル・サービス・ファーム）経営のグルと言われたデービッド・メイスターだ。

　ピーター・F.ドラッカーは著書『明日を支配するもの』の中で、知識ワーカーの生産性を高めるには、自律性を持って自らをマネジメントする、つまり「目的を自ら考え、内発的な動機に基づき主体的に働く」ことの大切さを指摘している。メイスターは、この知識労働（ナレッジワーク）に従事する人々を以下の三つに分類している。

(1) ダイナモ（発電機）：目的を持ち、自律的、精力的に働く人々
(2) クルーザー（遊覧船）：社内を遊覧（クルーズ）する処世術で生きている人々。フリーライダー
(3) ルーザー（負け馬）：組織、業務に適応できない人々
　この分類を使うと組織の活性度を直感的にとらえることができる。

問１．あなたの組織には、ダイナモが何％いるだろうか？ クルーザーやルーザーの比率は、どのくらいだろうか？

　一番の問題は実はルーザーではなく、遊覧しているだけのクルーザーにあることがほとんどだ。あなたの組織の「優秀な人材」は、クルーザーで占められてはいないだろうか？

問２．あなた自身は、どの程度自律的に仕事をしているだろうか？ あなたの仕事の時間を「ダイナモ的」「クルーザー的」「ルーザー的」に分けると、どのような比率になるだろうか？ 組織全体ではどうだ

ろうか？

　あなたの組織（あなた自身）の「ダイナモ比」が３割以下なら未来
は明るくないかもしれない。ダイナモ予備軍やクルーザーがダイナモ
に変わること、ダイナモ的に働くことの大切さ、クルーザーの弊害と、
そこからいかに脱却するかは、本文でじっくり解説していきたい。

（参考：デービッド・メイスター『脱「でぶスモーカーの仕事術」』紺野登 解説，日本経済新聞出版社）

　では、近年の多くの日本企業が重視してきた経営の原則とは何だろうか。
煎じ詰めれば、「予測可能な未来を前提に、効率性を追求する」というこ
とだと筆者は考える。読者がビジネスパーソンであれば、PDCA サイク
ルの大切さを叩き込まれていることだろう。Plan（計画）→ Do（実行）
→ Check（評価）→ Act（改善）の頭文字を取った、継続的な業務改善の
手法だ。たしかにとても便利なフレームワークだが、Plan（計画）からは
じまることで明らかなように、前提となる世界観は「計画・予測可能な未
来」である。既存事業を前提に、「前年比○○％増」「機能△△％アップ」
「コスト××％ダウン」という計画と目標を立て、着実に実行する能力に、
多くの日本企業とビジネスパーソンは磨きをかけてきた。

　あなたの会社の「優秀なヤツ」とは、事前に立てられた計画に基づき、
与えられたタスクを確実に実行して、想定通りの結果を出す人材ではない
だろうか。こういう人は、予測可能な世界に住む上司から見れば、重宝す
る部下であることは言うまでもない。効率追求にもっとも長けた人が出世
し、そして次の世代の「優秀なヤツ」を引き上げる。これを繰り返すうち
に、「効率性追求、短期目標の達成」を極端に重視する経営の原則が強化
されていったのだ。

　このような考え方に基づく組織では、ダイナモが何とも扱いづらい存在
だったのは、間違いない。確たる証拠（エビデンス）もないのに、計画に

ないことを突然言いだし、言ったと思ったら勝手に実行に移している。「絶対にうまくいくのか」、「いくら儲かるんだ」、「技術的な裏付けはあるのか」。予測可能性と効率性の世界に住む経営者と上司は、効率性の観点からは合理的な判断基準と彼らの常識に基づいて、ダイナモの行動にストップをかけていった。森林伐採が進むにつれて、動物たちのすみかがなくなっていくように、ダイナモの居場所と活躍の機会は組織から奪われ、ダイナモ予備軍たちもダイナモとして生きることをあきらめ、あるいは組織をひっそりと去っていった。

　一方でイノベーションや変化を声高に求めながら、もう一方では、その原動力たるダイナモの居場所を奪ってきた経営は、環境破壊をしながら地球環境の大切さを叫ぶ私たちの姿にダブるものがある。持続可能な社会づくりに私たちの行動原則の変容が求められるのと同様に、イノベーションや変革を生みだす組織づくりには、経営の原則の変容が求められる。そして、その鍵は、企業にダイナモ的な生き方、すなわち人間らしさや野性味を許容する「知識創造の原則」にあるというのが、筆者の長年の研究・実践からの結論である。知識創造のプリンシプルについては、本編の中でゆっくり説明したいと思う。

　さて、本書ではここから「原則」ではなく、「プリンシプル」という言葉を使う。一般的にビジネスやビジネス書の世界では、原則は古くても変えないもの（ルールや原理など）として論じられる。しかし、本書では、経営のプリンシプルをあえて、すべて取り替えようと主張する。なぜなら、大きな転換期や危機に直面するときには、古い原則が足かせになるからだ。緊急医療現場のトリアージ（診療する患者の選別）は、「命を平等に扱うという医療の原則」を緊急時のみ取り払う、医療現場の知恵と言える。多くの企業にとって、今は大切にしてきた原則を見直す時期だ。そこで、本書は、古くて替えの効かない「原則」にとらわれることなく、すべての「プリンシプル」を替えよと主張している。

本編の流れを簡単に紹介しよう。この本は5章で構成されている。

第1章では、ダイナモがほぼ絶滅した日本企業の現状を描写する。「先のない企業の物語」とは少々憂鬱なタイトルだが、ダイナモがいない組織の特徴を明らかにすることからはじめたい。読者の皆さんが、新しい価値を生み出せず、活力に乏しい組織に属していると思われるなら、おそらく多くの特徴に思い当たるフシがあるはずだ。

第2章では、ダイナモが生息しない不活性な組織が、どのようにつくられていったかについて、お話しする。経営者が悪い、管理職が悪い、社員が悪いと犯人探しをするのではなく、ダイナモが生かされない、生きられない経営システムが、意図せず強化され続けてきた様子を明らかにする。

第3章以降は、どのようにダイナモを復権させ、経営のプリンシプルを入れ替えるべきかを示していく。この本は、日本企業の未来を悲嘆したり、教条的に（「××しなさい」と）命令したりするものではない。活力を失い、新しい価値を生みだせなくなった組織の現状を正しく見立て、その見立てに基づいて、組織の活力と価値づくりを取り戻すための実践ガイドとして、読み進んでいってもらいたい。

第3章は、この時代にあるべき新たな10のプリンシプルを示し、日本企業が信奉する時代遅れのプリンシプルとの対比から、何を手放し、何をつかみ取らなければならないかを明確にする。未来づくりの鍵は知識創造のプリンシプルに基づく経営と、それを通じた活力あるダイナモの復権にあることが、大切にすべき哲学とともにここで明らかになるだろう。

第4章ではダイナモという人材の姿を、その行動様式も含めあらためて詳しく描写する。ダイナモは決して先天的な変種ではない。場や機会、他のダイナモとの接触が普通の人を覚醒させ、ダイナモへと変貌させるのだ。そしてそのためには、ダイナモを生みだす土壌づくりと、経営者ダイナモ、管理職ダイナモ、若手ダイナモがそれぞれの役割を担うことが、決定的に大事になることを明らかにする。

その上で、最後の第5章では、古いプリンシプルから新しいプリンシプルへ入れ替える「ダイナモ革新」の道筋を、実際の手順に沿って変革マネジメントとともに明らかにする。

筆者は、知識創造経営、組織変革を20年余にわたり研究、実践するなかで、日欧米の100社以上をベンチマーキング訪問してきた。本書には、ヨーロッパ企業を中心に多様な事例が出てくるが、これらはすべて実際に訪問し、経営者・実践者から直接語られ、また、提供された情報をもとに描かれている。

本書の英語タイトルは「Dynamo Revolution」とした。それは、目的意識と自律性を持つダイナモの復権・活躍は、企業や組織だけの問題ではなく、個の生き方、社会のあり方にも求められているからだ。感度の高いアンテナを立て、自らの思いを他者と呼応させながら共通の目的へと高め、エコシステムを通じて良いコトを起こしていくことは、個の文脈で言えば

Dynamo Revolution

個人が息がしやすい　　　ダイナミックな場　　　社会課題を解くエコシステム

個のダイナモ ←→ 組織のダイナモ化 ←→ 社会のダイナモ化

目的共創 × 自律性　　　　　× 機動性　　　　　× 人間性

小目的　　　　　　中目的　　　　　　大目的

知識社会でのキャリア形成、社会の文脈で言えば社会課題の解決（ソーシャル・イノベーション）そのものである。

　とりわけ、変化が常態となった時代のキャリア形成論の意味合いは大きいと筆者は考える。良い大学を出て、良い会社に入り、安定した収入と生活を得る「昔ながらのキャリア形成」は、人生100年時代には、もはや成立しない。私たちの社会人人生は、企業の平均寿命よりはるかに長いのだ。良い会社に入り、与えられたタスクをそつなくこなす「優秀なヤツ」としてのキャリア形成は、すでに時代錯誤と言っていいだろう。目的を生みだし、仲間を惹きつけ、巻き込み、試行錯誤の中から新たな価値を生みだすダイナモとして働き、生きることは、自らの価値観に正直に生きるというだけでなく、この時代に生き、働く皆さんにとって、合理的なキャリア形成の道でもあることを、全章を通じて明らかにしていきたいと思う。

　本書は、新たな価値を生みだし、人がいきいきと働き・育つ組織へ自組織を革新したいと願う方であれば、経営者、管理職、若手のどの層でも読めるよう、できるだけ平易に書くことを心がけた。各章の最後にある「エクササイズ」は、読者一人で考えていただいても構わないが、経営者、管理職、若手が一緒に考え、それをもとに対話することで、自社の課題と革新の方向性を多層的に見られるようにデザインしてある。ぜひ、そんなふうに活用してほしい。本書が皆さんの「内なるダイナモ」を呼び起こし、皆さんの組織が知識創造のプリンシプルに基づく経営に転換する一助となることを願ってやまない。

　ダイナモは単一の特性では語れない多元的人間だ。本書では筆者がさまざまな面からさまざまな形容でダイナモ（人）とは何かを伝えようとしている。しかし、その根底にある姿は、利他的に、会社人より社会人として、そして実存的に、今ここでの意識をもって未来に生きようとする、つねにエネルギッシュな人のことだ。それは理想主義ではない。最後に、読者自身がダイナモであることに気づいてもらえれば幸いである。

ダイナモ人を呼び起こせ［目次］

本書の構成

1. 先のない企業の物語

逃げ切りを図る経営層、
目先の成果に固執する管理職、
指示に従うのみの若手。
価値創造の担い手である
「ダイナモ人」と活力を失った
日本企業の現状を描写する

2. システムだ、愚か者

未来なき企業をつくった真因は、
経営システムにある。
意図せず組織活力を削ぎ、価値を
生みだせない「日本的経営システム」
を築いてしまった企業の様子を
明らかにする

3. 経営プリンシプル の総取り替え

未来を取り戻すには、時代遅れの
プリンシプルを知識創造型に
入れ替える必要がある。
ダイナモ人の復権を中心に据えた、
新10のプリンシプルを提示する

4. ダイナモを生みだせ

ダイナモとはどのような人か。
その行動様式も含めて描写し、
ダイナモを生みだす土壌づくりと、
経営者、管理職、若手それぞれの
ダイナモが、それぞれの役割を
担うことの大切さを示す

5. ダイナモ革新の道筋

ダイナモ活躍の場をつくり、
プリンシプルを入れ替える
「ダイナモ革新」の道筋を、
変革マネジメントと
実際の手順とともに明らかにする

第1章

失われた平成の30年：
先のない企業の物語

Lost three decades: A tale of a firm
with no future

❶ 活力のない組織の症状

　日本経済が低空飛行を続けた平成の30年間、日本企業は大きく地盤沈下した。企業の時価総額を見ても、平成元年には世界のトップ5を日本企業が独占し、上位30社の約7割を日本企業が占めていたが、平成31年（平成最後の年）に上位30社に残った日本企業は1社もない（最高位はトヨタ自動車の43位）。まさに、隔世の感がある。こうした国際比較では、米国IT企業（GAFA: Google グーグル、Amazon アマゾン、Facebook フェイスブック、Apple アップルなど）や中国IT企業（アリババ、テンセントなど）の台頭が取り上げられ、「日本の起業の少なさ、新たに生まれる大企業の少なさ」を嘆く論調が主流である。もちろん、それも大きな課題に違いないが、時価総額の上位30社を見ると、欧米の伝統企業（ロイヤル・ダッチ・シェル：5位、ジョンソン・エンド・ジョンソン：11位、エクソン・モービル：12位、ウォルマートストアーズ：14位、ネスレ：15位など）も30年の間に大きく成長し、存在感を示していることが分かる。

　もちろん、時価総額は為替や株式相場を取り巻く環境に大きく左右されるので、企業の実態を正確に映しているとは限らない。それにしても、30年の間にこれだけの凋落があった背景には、何かしらの原因があるはずだ。少なくとも、世界に伍して価値を世の中に届けている、あるいは届ける将来性があると市場が見ている日本企業が、ほとんどなくなってしまったことは確かだ。

　一方で、こうした日本企業の置かれた状況をしっかり認識している経営者・管理職は、意外に少数なのかもしれない。筆者が2019年12月にオンラインで行った調査（従業員数300人以上かつ創業10年以上の企業に勤める経営者・管理職層412人を対象。経営者・役員22人、部長相当153人、課長相当237人。詳細は巻末）によると、経営層・管理職が認識する現在

図表 1-1

平成の 30 年間における日本企業の地盤沈下

世界時価総額ランキング TOP15							
平成元年				平成 31 年 4 月			
1	NTT	1638.6	日　本	1	アップル	9644.2	アメリカ
2	日本興業銀行	715.9	日　本	2	マイクロソフト	9495.1	アメリカ
3	住友銀行	695.9	日　本	3	アマゾン・ドット・コム	9286.6	アメリカ
4	富士銀行	670.8	日　本	4	アルファベット	8115.3	アメリカ
5	第一勧業銀行	660.9	日　本	5	ロイヤル・ダッチ・シェル	5368.5	オランダ
6	IBM	646.5	アメリカ	6	バークシャー・ハサウェイ	5150.1	アメリカ
7	三菱銀行	592.7	日　本	7	アリババ・グループ・ホールディングス	4805.4	中　国
8	エクソン	549.2	アメリカ	8	テンセント・ホールディングス	4755.1	中　国
9	東京電力	544.6	日　本	9	フェイスブック	4360.8	アメリカ
10	ロイヤル・ダッチ・シェル	543.6	イギリス	10	JP モルガン・チェース	3685.2	アメリカ
11	トヨタ自動車	541.7	日　本	11	ジョンソン・エンド・ジョンソン	3670.1	アメリカ
12	GE	493.6	アメリカ	12	エクソン・モービル	3509.2	アメリカ
13	三和銀行	492.9	日　本	13	中国工商銀行	2991.1	中　国
14	野村證券	444.4	日　本	14	ウォルマート・ストアーズ	3937.7	アメリカ
15	新日本製鐵	414.8	日　本	15	ネスレ	2903.0	スイス

出所：https://media.startup-db.com/research/marketcap-global

と 5 年後の経営課題はほぼ一緒である一方で、このままでは自社のビジネスモデルが世の中の変化に対応できないと考えている（次ページの図表1-2）。

　これだけ変化の激しい時代と言われながら、現在と 5 年後の課題認識に、ほとんど変わりがない。これは、経営を取り巻く社会や技術のダイナミックな変化を十分に認識せず、したがって対応も構想もできていないことの表れではないだろうか。

　こうした環境で働く社員の仕事への熱意や取り組み姿勢も低迷している。米ギャラップ社のエンゲージメント調査（2017年）によると、日本企業の「熱意あふれる社員」の割合は、6% にとどまっている。これは米国企業の32% と比べて際立って低く、調査した139カ国中132位と最下位クラ

図表 1-2

経営者・管理職が認識する現在と 5 年後の経営課題

喫緊の経営課題ランキング		5 年後の経営課題ランキング	
① 人材の強化	**42.5 %**	① 人材の強化	**36.9 %**
② 収益性向上	**37.4 %**	② 収益性向上	**28.6 %**
③ 売り上げ・シェア拡大	**34.5 %**	③ 売り上げ・シェア拡大	**23.5 %**
④ 働きがい・エンゲージメント	**23.5 %**	④ 働きがい・エンゲージメント	**21.8 %**
⑤ 事業基盤の強化・再編	**20.4 %**	⑤ 事業基盤の強化・再編	**20.4 %**

(N=412)

出所：筆者モニター調査（2019）

※2019年12月民間企業（従業員数300人以上かつ創業10年以上）の経営者・管理職対象のオンライン調査（412サンプル、経営者・役員22人、部長相当153人、課長相当237人）
※巻末「組織の基盤を革新するとき　ミドル層はいま何を見ているのか？　オンライン調査から浮かび上がった部課長職（40－50歳代）の不都合な真実」より

スだった。

　こうしたデータを重ね合わせると、企業の中で上（経営層）から下（若手層）までが縮こまりながら、できること・与えられたことだけを粛々と、淡々とこなす様子が見えてくるようだ。

　残念ながら、多くの日本企業にとって、平成とは、組織と個の「知的活力」、すなわち対話や実践から新たな価値を生みだすダイナミズムを大きく失った30年間だった。知的活力を失った企業には、業種や業界に関わらず、「停滞性症候群」とでも呼びたくなる、共通の不活性の症状が見られる。少々暗い話も含むが、少しその症状を見ていこう。読者の皆さんが所属する企業・組織には、同じような症状がいくつ見られるだろうか。

▶活力のない組織の症状（1）
「おっさん力学」による強い同質化圧力

　少し前に、某県の女性活躍の応援ポスターが話題になった。「女性が、どんどん主役になる」というコピーと共にある応援団の写真が、全員スー

ツ姿の中高年日本人男性だったからだ。しかし、これを笑える企業は少数ではないだろうか。日本企業の女性役員数は、2019年でいまだに8%にとどまり、フランス（45%）、英国（33%）や米国（26%）と比較して著しく低いのが現状だ（OECD 主要上場企業の女性取締役比率調査結果による）。また、女性管理職の比率も日本は13%にとどまり、米国（43%）、英国（35%）、フランス（32%）よりはるかに低い。もちろん、国籍や人種で見る多様性は、言うにおよばない。

　多様性の乏しさが引き起こす問題は、さまざまな文脈で語られている。「同じ企業に長年勤めた中高年日本男性」という同質性の高い集団による経営が、新たなことに挑戦したり、新たな価値を生みだしたりする活力を組織から知らずしらずのうちに奪ってしまうことの影響は、日頃あまり意識されないが、きわめて深刻だ。

　日産自動車でブランドマネジメントの責任者、横浜市で文化観光局長、パシフィコ横浜で社長を歴任し、現在は、いすゞ自動車、TDK の社外取締役、帝国ホテルの社外監査役を務める中山こずゑ氏は、これを「おっさん力学」と呼ぶ（中山氏には、経営者ダイナモとして本書でご登場いただく）。「おっさん力学」は、一言で言えば、前例や慣習の踏襲を強いるムラ文化である。おっさん力学の強い組織では、社内政治や派閥意識がはびこり、顧客や市場の声よりも前任者や上司の声が重んじられがちだ。同調圧力の高いムラ社会では、自分を含むムラの住人のメンツを潰すことを避けるべく、正しい論理や外の声が捻じ曲げられやすい。いきおい、新しい挑戦（たとえば、これまでの事業の方向転換や、新たなサービスの展開）は、前任や経営の失敗を認めるのと同義と見なされやすく、骨抜きにされたり、棚上げになりがちだ。その結果、前例や慣習を踏襲し、築いてきた利権を守ることに強い関心が払われる一方、責任の所在があいまいなままコトが進んでしまうことになる。

＊「おっさん力学」は、同質性の高い集団による同調圧力の強さを表す表現であり、特定の性別、年齢層を指しているわけではありません。

▶活力のない組織の症状（2）

エビデンスの過剰信仰

　ビジネスパーソンであれば、「PDCAの実践」と「事実に基づく科学的判断」の大切さを若い頃から叩き込まれている方も多いだろう。計画を立てて実行し、事実に基づき現状を正しく分析して、カイゼンする。日本企業、とりわけ製造業が生産性と品質で圧倒的優位を誇った1980年代までは、PDCAと科学的判断が末端の現場でまで実行できたことが、その強みの源泉だったことは間違いない。予測可能で、安定的な翌年がくる事業環境では、このアプローチはきわめて効果的、効率的だった。

　しかし、それを金科玉条のごとく守ってきた結果、経営判断のあらゆる局面で「エビデンス提出とそれに基づく判断」、すなわち精緻な事実分析に基づく意思決定が常識となった。もちろん、事実に基づかない判断より、事実に基づいた判断を下した方が良いに決まっている。ただし、それは「事実が世の中に存在する場合」に限る。既存事業の拡大や、既存サービスの改善であれば、精緻なエビデンスに頼るのも悪くないだろう。しかし、今は、業界の外、常識の外から突如、新たな波がやってくる時代だ。何より、イノベーションとは「今まで世になかった価値を生みだす」こと、また「不可能と思われていたことを可能にする」ことである。実践する前に、成功を保証する市場規模や技術の裏付けの証拠（エビデンス）など、出せるわけがない。それにもかかわらず、新規事業や新サービス、あるいは新たな提案に「完璧な事前エビデンス」を求められるシーンを、あなたの組織で見たことはないだろうか？

　エビデンスの過剰信奉は、新たな提案・挑戦の芽を確実につぶし、いずれ提案、挑戦する個の意欲を「あきらめ」に変える、非常に強い負のパワーを持っている。エビデンスを求める側に悪気がないのが、なお悪い。良かれ、正しかれとエビデンスを要求することで、新たな挑戦への活力とイノベーションの可能性を組織から奪い続けているのだ。

　国際的に見ても、このエビデンスの過剰信奉は、時代遅れの経営システ

ムとなっている。イノベーション・マネジメント・システムの国際規格、ISO 56002が2019年に発行されたが（日本では、筆者が関わる一般社団法人 Japan Innovation Network が規格の制定と普及を主導）、規格には、イノベーションは不確実な状況での価値実現を重視するため、客観的事実に基づく意思決定と仮定に基づく意思決定の両立が必要、ということが記されている。

　つねに客観的事実に基づいて意思決定するなら、経営者は必要ない。どの局面では客観的事実（エビデンス）を求め、どの局面では仮定と不十分な事実に基づき腹を括って決断を下すかを決めるのが、経営者・管理職の責務ではないだろうか。

▶活力のない組織の症状（3）
余力と余白ゼロの組織運営
　一橋大学名誉教授である野中氏は、現在の日本企業の閉塞感は、オーバー・プランニング（過剰な計画）、オーバー・アナリシス（過剰な分析）、オーバー・コンプライアンス（過剰な法令順守）が引き起こしていると指摘している（「特別対談」参照）。

　読者がある程度の規模の組織に勤めているなら、3年程度の中期経営計画（いわゆる「中計」）に基づいて、予算や活動計画がつくられているのではないだろうか。多くの企業で中計は、戦略部門から現場の管理職までを巻き込みながら、トップダウン、または積み上げ式で（時には積み上げた数字に経営者の希望的観測を加えて）、やたらと精緻な「未来の計画」として策定されていく。この策定にかかる労力たるや、大変なものがある。しかし、そこまで労力をかけた割には、中計が社員を鼓舞したという話は、とんと聞かない。細かい数値のみで構成される計画には、「未来の筋書き（物語）」がない。また、その数値も、過去の実績に経営者の希望的観測が上乗せされてできていると、社員の大半が見抜いているからだろう。

　一方で、一度できた計画は縛りとなり、市場環境の変化や技術革新によ

って前提が変わっても、変化に対応した新たな機会の開拓よりも、立てた計画の順守・達成を優先させる。「100年に一度の変革期」や「デジタル・トランスフォーメーション」（DX）と叫びながら、自ら立てた中計の呪縛から抜けだせずに現実に合わない数字を追い求める様子こそ、野中名誉教授が指摘する「オーバー・プランニング」の実態にほかならないのではないだろうか。

　また、問題が起きるたびにチェックリストと手順が増え、新たな事件が世を騒がすたびに、形式的な仕組みが導入される現実もある。もちろん、ガバナンスやコンプライアンスは大切だ。しかし、不要になった、あるいは時代錯誤となったルールや手順を破棄する仕組みを持たない組織では、順守すべきルールや手順は積み重なっていく一方である。一つの議案を出すのに、数十のチェックリストの添付が、しかも出力して捺印も必要という、笑えない話が出てきてしまう。何よりも、「オーバー・コンプライアンス」が進むと、付加価値を生むべき社員の時間の大半が「手続き」に押し込められてしまう。その病状がさらに進むと、「付加価値を生む（主）ための手続き（従）」であったはずの主従が逆転し、「手続きを行うこと」を仕事と勘違いする社員が増え、「手続き上手な社員を優秀と見なす」文化が広がっていく。

　この三つの過剰信奉による経営は、現状分析、エビデンスの確保や精緻な計画立案に社員の労力を割き過ぎ、立てた計画により行動を縛られ、何かをやるたびにルール順守の証明を求める。そして、「手続き」に時間と関心のほとんどを奪われた管理職や社員には、新たなことを仕掛ける「余力」は、もはや残っていない。また、エビデンス・計画・ルールでがんじがらめの組織空間には、何かを生みだす「余白」もない。こうして、日本企業は勇ましいイノベーションの掛け声をかけながら、新しいことをはじめられない組織体制を強化してきたのである。

▶活力のない組織の症状（4）

低い顧客・市場感度

　「顧客のため、社会のため」。ほとんどの企業の理念やビジョンには、高邁な目的が掲げられている。一方で、本当の意味で顧客の困りごとや市場の潜在ニーズを感じ取り、サービスや価値として届けられている企業が、どれだけあるだろうか？

　「顧客の声を聞く」ことと顧客・市場感度の高さは、似て非なるものである。前者は自社の商品・サービスを使うお客様の声だから、自然と既存の商品・サービスに向けられる。一方、顧客・市場の感度とは、個人、コミュニティ、社会の、時として潜在的な、本人たちも気づいていない困りごとを見いだし、新たな解決（顧客価値）を届ける機会をつくりだすことだ。既存事業・商品の前提が強い組織には、潜在顧客・市場へのセンサー機能がないことも多い。

　また、「モノづくり」を日本企業の強みと考える人はいまだ多いが、モノづくり力は提供価値の要素の一つに過ぎない。「製品の機能は語れるが、顧客の便益はあいまい」とか、「機能品質は誇れるが、顧客価値は分かりづらい」という製品やサービスが多いことは、久しく指摘されている日本企業の弱点である。モノづくり力が価値を発揮するのは、「顧客のほしい経験」を理解した上で、それをトータルで届けるデザインのなかに、モノづくりが組み込まれている場合だけだ。残念ながら、これができている日本企業は非常に少数にとどまっている。

　さらに、「モノづくり」への強い幻想は、「モノづくりの現場」ばかりに目を向けさせ、顧客が困りごとに直面したり、サービスを使ったりする「顧客側の現場」があることを忘れさせてしまう。「技術の精緻なロードマップは描くが、業界外からの破壊的なモデルには無頓着」、「既存事業と商品のレンズでしか市場を見ない」、あるいは「顧客の顔よりも上司の顔色をうかがう」ことが多いとしたら、あなたの企業の顧客・市場への感度が低く、また、そのことにすら気づいていないことの表れだ。

▶活力のない組織の症状（5）
部署間のいがみ合い

　「縦割り組織」は、日本企業に限らず、組織が一定規模の大きさになれば必ず指摘される、古典的な弊害だ。英語では「organizational silos（組織のサイロ化)」と呼ばれるが、これは穀物や牧草を貯蔵する塔型の倉庫（サイロ）に由来している。穀物の腐敗を防ぐための気密性に優れた、外気に触れさせない構造が、組織間の風通しや情報共有の悪さと似ていることからきているのだが、何だか、自分の組織の形と似ていると思われた方もいるのではないだろうか。

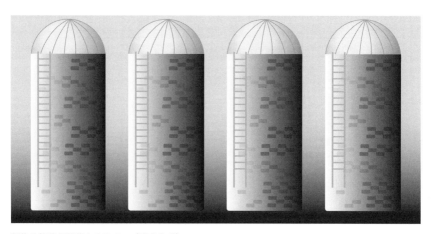

穀物や牧草を貯蔵するサイロ（筆者作成）

　縦割りが情報共有を阻害するくらいならまだ良いが、メンツや意地の張り合いが進むと、顧客や市場不在のいがみ合いに発展する。

- 営業部隊は、商品力がないと開発部門を責める一方、開発部門は営業部隊の販売力の弱さを責め返す。
- 本社部門は現場力のなさを嘆き、現場は本社が現場の実情に疎いことに憤る。
- 何より、本社は現場を、現場は本社を信用していない。

• 事業部間や部署間で、手柄の取り合い、足の引っ張り合いが日常的に起きる。そして、その戦いに勝つ管理職が有能とされる。

　こんなことが、皆さんの企業では起きていないだろうか？ 筆者が過去に所属した企業では、営業や製造の現場から本社への異動を「スタッフに上がる」と呼んでいた。これは、現場より本社が偉いという暗黙のうちの前提を示している。こうした表現も、本社と現場の壁の高さを象徴している。

　さて、日本企業で縦割り組織の弊害は、昔より大きくなっているのだろうか。大きくなっているとしたら、それはなぜなのだろうか？これは前述の「おっさん力学」や「余力と余白ゼロの組織運営」、「低い顧客・市場感度」が、すべて関係している。企業の中の同じ事業部、部門では通常、さらに強い「小さなムラの同調圧力」が生みだされる。より同質性の高い、「同じ部門で同じ仕事をする仲間（ムラ）のメンツ」を保つことが、顧客価値や社会的に正しいかよりも、優先されやすいのだ。また、市場動向が変わっても決めた計画に固執し、顧客価値よりも社内手続きを優先する組織運営では、社会や市場が何を望んでいるか、自社の製品・サービスがそれに応えているかよりも、「手順や手続きが正しく行われているか」に関する些細なほころびの方が、取り沙汰されがちだ。その結果、顧客・市場の困りごとに応えることより、社内の責任のなすり合いに精力が注がれてしまうのである。

　この問題は、筆者が行った前述の調査からも裏付けられた。同調査で「組織の文化」について、多くの経営者・管理職が問題と回答したTOP3は、以下の通りだ（次ページの図表1-3）。

①根回しや社内調整（稟議・承認含む）に労力を割かれ、意思決定のスピードが遅い（46.8%）

図表 1-3
組織の空気・文化について経営層が感じていること

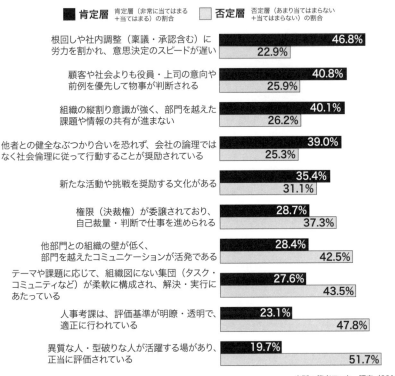

出所：筆者モニター調査（2019）

※2019年12月民間企業（従業員数300人以上かつ創業10年以上）の経営者・管理職対象のオンライン調査（412サンプル、経営者・役員22人、部長相当153人、課長相当237人）
※巻末「組織の基盤を革新するとき　ミドル層はいま何を見ているのか？　オンライン調査から浮かび上がった部課長職（40－50歳代）の不都合な真実」より

②顧客や社会よりも役員・上司の意向や前例を優先して物事が判断される
（40.8%）
③組織の縦割り意識が強く、部門を越えた課題や情報の共有が進まない
（40.1%）

「症状3. 余力と余白ゼロの組織運営」で指摘した「手続きの過度な重視」、「症状4. 低い顧客・市場感度」と、この「症状5. 部門間のいがみ合い」が上位に並んでいる。また、「異質な人・型破りな人が活躍する場があり、正当に評価されている」に過半数（51.7%）が「当てはまらない」と答えているのは、ダイナモの活躍する場がないことを暗示しているようでもある。あなたの企業でも、縦割りの弊害が見られるだろうか。それは、どのような現象として表れているだろうか。

▶活力のない組織の症状（6）
「人づくりの日本経営」の幻想にしがみつく

　新卒の学生を終身雇用で雇い、ローテーションを通じたOJT（on-the-job training：実務を通じて行う教育）と研修（Off-JT　off-the-job training：業務から離れて行う教育）で経験を積ませながら、人材を育成する。そんな伝統が日本企業にあることから、人材育成に力を入れていると明言する経営者、管理職は非常に多い。しかし、データで見る限り、「人づくりの日本経営」も、実はとっくに幻想となっている。

　筆者による経営・管理職の調査で、現在も5年後も、喫緊の経営課題のトップに来るのが「人材の強化」だったことは、先述の通りだ。また、OECD（経済協力開発機構）の調査（2014年）でも、日本は「業務遂行にあたり能力不足に直面する」ことを課題とする企業の割合が、主要国のなかでもっとも高い（81%）ことが明らかになっている（次ページの図表1-4）。

　この背後にあるのは、実は、人材や教育への投資が、先進国で最低レベルという事実だ。GDPに占める日本企業の能力開発費の割合は、欧米諸国と比較して著しく低いのである（図表1-5）。日本のグラフが他国と比べて非常に短いので気づきにくいが、この調査から分かるもう一つのことは、日本は欧米と比較して、「もともと能力開発への投資がきわめて小さかった（1995〜2004年で欧米諸国の1/4以下）」のに、「近年、さらに投資を

図表 1-4

労働者の能力不足を課題とする企業の割合 国際比較

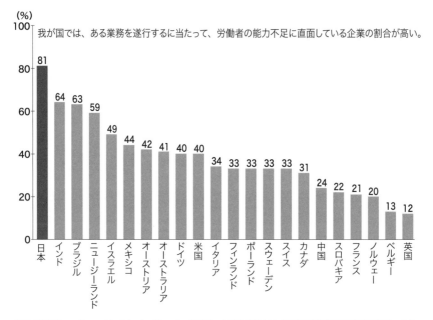

我が国では、ある業務を遂行するに当たって、労働者の能力不足に直面している企業の割合が高い。

出所：OECD"Assessing and Anticipating Changing Skill Needs(2016)"をもとに厚生労働省労働政策担当参事官室にて作成

（注）　1）労働者の能力不足を課題としている企業の割合を示している。
　　　　2）Manpower Group"Talent Shortage Survey(2014)" のデータを用いた 2014 年の数値を示している。

しなくなった（2005～2014年で欧米諸国の1/10以下にまで低下）」ということだ。

　自慢だったOJTも、その機能不全が盛んに議論されている。体系的に学べず成長に時間がかかる、ついた先輩（OJTの師）に依存しすぎる、時短・効率化の圧力が強くそもそも育成に時間を割けない、などが代表的な指摘だ。

　また、人材育成戦略を司るはずの人事部が、「人事異動の権力に寄りかかった伏魔殿になっている」という、多くの管理職の嘆きも聞こえてくる。このように、日本企業の強みだったはずの人材育成が滞る現実は、プロフ

図表 1-5
GDP に占める企業の能力開発費 国際比較

我が国の GDP に占める企業の能力開発費の割合は、米国・フランス・ドイツ・イタリア・英国と
比較して低い水準にあり、経年的にも低下している。

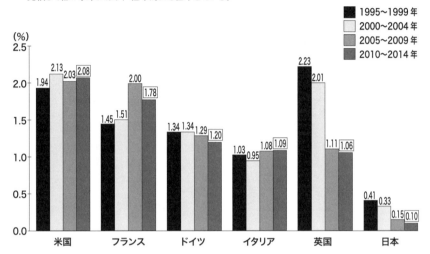

出所:内閣府「国民経済計算」、JIP データベース、INTAN-Invest database を利用して学習院大学経済学部宮川努教授が推計
したデータをもとに作成

(注) 能力開発費が実質 GDP に占める割合の 5 カ年平均の推移を示している。なお、ここでは能力開発費は企業内外の研修費
用等を示す OFF-JT の額を指し、OJT に要する費用は含まない。

ェッショナル社員を育てられず、ゆえに組織のパフォーマンスが上がらな
い、社員も社外で通じるスキルを磨けず組織を出るに出られないといった
悪循環をつくり、組織の停滞を招く一因となっている。

▶活力のない組織の症状(7)
「はやり」の経営手法に飛びつく

読者の組織では、ここ数年の間に「働き方改革推進室」、「女性活躍推進
室」、「コンプライアンス推進室」、あるいは「オープンイノベーション推
進室」が設立されていないだろうか? これらは一見、まったく異なる部

署だが、「はやりの経営テーマである」という共通点がある。もちろん、意義があるから経営テーマ、経営課題として取り上げられるのだから、部署を設置し、取り組むこと自体は悪いことではない。

　一方で、人材も時間もお金もすべて大切で有限な経営資源だ。はやっているからといって飛びつくのが、つねに正しい経営判断とは限らない。事業環境や自社の強みと課題などを勘案し、はやっていようがいまいが自社にとって重要と見定めれば骨太の活動に移す。自社にとって優先度が低ければ、グッとこらえて「はやっていてもやらない」ことを決めるのが、経営というものではないだろうか。

　とりわけ、筋の悪いはじまり方は、管理職（経営企画室長や人事部長などが多い）が経営者に突然、「キミ、ウチの働き方改革（女性活躍、オープンイノベーション）はどうなっている？」と聞かれ、あわてて部署を立ち上げるというパターンだ。経営者、管理職とも目的意識が薄いため、戦略的意図が定まらないまま部署だけが立ち上がり、形式的な活動に全社が振り回されることになる。目的の見えない活動に時間だけが割かれ、社員は疲弊し、成果は出ない。そして、何年か後には、次のはやりの経営テーマに乗り替わり、ひっそりと活動の幕が下ろされる。作り話に聞こえるかもしれないが、2000年前後のナレッジ・マネジメント、その後のシックスシグマ、最近であれば前述の働き方改革、オープンイノベーションにデザイン思考。実に多くの経営コンセプトやテーマが、日本企業では十分な意図なきまま「消費」されては、消えていっているのが実態だ。これらは成果が出ないだけでなく、社員の時間と意欲までも奪い、「どうせこの活動にも本腰が入らず、3年後には消え去るんだろう」という、あきらめにも似た停滞文化を根づかせるのに貢献してしまっているのだ。

▶活力のない組織の症状（8）

階層間の相互不信

　不活性な組織は、階層間の信頼関係も良好ではない。組織が沈滞している原因をお互いに相手に求めるため、すべての層に被害者意識が広がっている。とりわけ、日本企業の経営者への社員からの信頼度が主要国のなかで最低レベルであることは、残念ながらグローバルな調査からも明らかにされている。

　世界27カ国、3万3000人以上を対象にした信頼度調査、「2019 エデルマン・トラストバロメーター」で日本企業の従業員が自社の経営者を「信頼する」と答えた割合は、調査データのある26カ国中、25位（59%）である。

図表 1-6
経営者への信頼度 国際比較

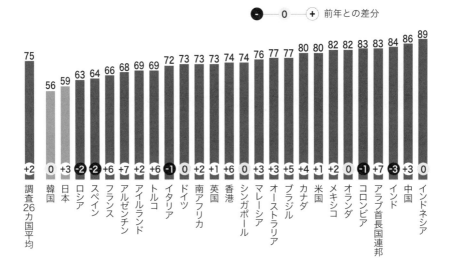

出所：2019 エデルマン トラストバロメーター グローバルレポート P.26
「あなたの雇用主を信頼していますか」という質問（「9. きわめて信頼する」から
「1. まったく信頼していない」の 9 段階）に、上位四つの選択肢を選んだ人の割合。
出所：www.edelman.com/sites/g/files/aatuss191/files/2019-02/2019_Edelman_Trust_Barometer_

世界的な傾向として、現在は政治や経済のリーダーへの信頼度が低下しているが、そのなかでも、日本の経営者への信頼度は低迷している。

　こうした階層間の信頼のなさも問題だが、現状打破への「当事者意識」がどこからも出てこないことが、問題解決どころか着手すら難しくしている。皆さんの会社では、以下のような症状が見られないだろうか？

- 経営層は、管理職と若手の元気のなさを嘆く。「俺の若い頃は…したもんだ」という武勇伝が口ぐせの一方で、大胆な提案がたまに上がってきても、エビデンス不在を理由になかなか承認しない。
- 中間管理職は、経営陣のふがいなさを隠れて批判しつつ、下には上の指示をそのまま下ろす。「俺も本当はおかしいと思っているんだけどさ…」が口ぐせだが、「おかしい」と上に物申すことは絶対ない。さらに筋が悪いと、「手柄は自分のもの、失敗の責任は部下のもの」という現象が起こる。
- 経営層と管理職の言動を見ている若手は、会社の未来にも自分のキャリアにも希望を持てない。「どうせ、ウチの会社は…」が口ぐせで、管理職になりたいとも思えない。最低限の労力で業務をこなし、及第点の評価とできるだけ早く帰ることの両立が目標になっている。

　筆者は、多くの日本企業の経営者、管理職、若手中堅すべての層の方々と日々お会いしている（コロナ禍で、めっきりリモートが多くなった）が、階層間の相互不信は、年を追うごとに深まっているというのが偽らざる実感だ。世界最低レベルの経営層への信頼度と熱意ある社員の割合は、これを端的に示しているのではないだろうか。実は、この問題は根が深く、それぞれの見ている時間軸や視座が異なるため、相互理解の糸口すらつかめないことも多い。

❷ 逃げ切り、隷従、失望の連鎖

　ダイナモに対して、問題意識を持たずに社内を遊覧する処世術で日々をやり過ごす人材を「クルーザー」と呼ぶなら、他の層から見た、それぞれの層の典型的クルーザーの姿は、以下のように描かれるだろう。

▶クルーザー（1）
逃げ切りを図る経営層

　役員まで上りつめた60代の経営者の最大の関心事は、「オレがいる間に大事だけは起こさず、逃げ切りたい」。細心の注意を払ってリスクを避け続け、失脚せぬよう社内政治に明け暮れ、ようやくこの地位と報酬に辿り着いたのだ。手放してなるものか。リスクと社内政治には人一倍敏感で、子飼いの部下は可愛がるが、思い通りに動かなければ恫喝する側面も。短期利益に執着する一方、市場変化や長期には、とんと関心ない。悪く思わないでね、会社にはあと5年だけ持ってもらわないと困るんだから。

▶クルーザー（2）
隷従する管理職

　バブル後に入社して、意思決定する機会・訓練のほとんどないまま管理職となった40代の管理職は、与えられた数字やタスクの達成以外に、判断基準を持たない。会社や上司の指示に隷従し、それを部下にそのまま落とす。そこに意味や善悪の判断の入りこむ余地はない。部下は育たず、部署の雰囲気も良くないが、それを感知するセンサーもあまりないようだ。苦手なのは、信念や価値観を問われたり、語られたりすること。どうしてそういうことを聞いたり言ったりするヤツがいるんだろう？　与えられたことをこなすことが仕事なのに。

▶クルーザー（3）

希望を失った若手

　大学を出て会社勤めをはじめ、気づけばもうすぐ30歳。振り返ってみると、仕事を楽しいと思った記憶はほとんどない。与えられた業務は一生懸命行ってきたが、どんな意味・価値があるのだろう。周りに尊敬できる先輩もいないし、会社の未来も暗いことしか思い描けない。転職を考えた方がいい気もするが、売りになるようなスキルの覚えもない。ま、働くってこういうことだよなと自分を納得させ、今日もまた PC に向かう。

　階層間の相互不信は、効率化の名のもとに対話やコミュニケーションの時間が削られていったことにも一因がある。上記のクルーザーの描写は、「半分真実、半分幻想」というのが実態に近いだろう。階層間のコミュニケーション不足により、考えていることや悩みがお互いに察知・理解できず、「聞いて・見て知っている事実」に「不信感に基づく想像」が重なることで、さらに溝が深まっていく。そんな構図がさまざまな企業で見られる。

クルーザーの見えざる負の力

　前述の通り、クルーザーは処世術で従来の体制と新たな取り組みの双方に巧みに関わり、流れに身を任せつつ生きながらえる層だ。ダイナモがいわば高速モーターボートで新たな流れをつくるのに対し、遊覧船に乗って観光（クルージング）しているような人たちであり、フリーライダーとも呼べるだろう。彼らは基本的に傍観者であり、新たなチャレンジを口では歓迎することもあるが、その基本姿勢は「お手並み拝見」である。自分に影響が出れば、それとなく抵抗する。この「クルーザーシップ」とでも呼ぶべき思考・行動様式は、実に大きな負の影響を組織文化にもたらす。

　大胆な変化を起こそうとすると「様子見」の層が増える。これは古来、

変わらない人間社会の性だ。マキアヴェッリは『君主論』（1532年）第6章で、変化を担うリーダーやその周囲に対して次のように警告している。

　「ここで考慮すべきは、みずから先頭に立って新しい制度を導入することは実上に、実施に困難が伴い、成功が疑わしく、実行に危険が付きまとうものはないということである。なぜならば、新制度の導入者は旧制度の恩恵に浴していたすべての人びとを敵にまわさねばならないから、そして新制度によって恩恵を受けるはずのすべての人びとは生温い味方にすぎないから。この生温さが出てくる原因は、ひとつには旧来の法を握っている対立者たちへの恐怖心のためであり、いまひとつには確かな形をとって経験が目のまえに姿を見せないかぎり、新しい事態を真実のものとは信じられない、人間の猜疑心のためである。」（マキアヴェッリ『君主論』河島英昭訳、岩波文庫）

　「新しい制度」を「イノベーション」や「組織変革」に置き換えて読めば、マキアヴェッリのメッセージが現代の組織の文脈でよみがえる。「イノベーション」や「組織変革」の仕組みや仕掛けを考え、活動を開始することは、実は、そこまで難しくない。むしろ困難なのは、その後だ。既存の事業やこれまでの制度に慣れきって、今日の飯を食っている様子見の人たちによる抵抗だ。古いものを口では否定しつつ、新しい試みがたしかになるまでは絶対に自らは動かない、「リスクゼロの両天秤族」である。つまり、古くからクルーザーは、組織や体制の新しい変化を阻む重しというわけだ。

　しかし、ほとんどの場合、クルーザー自身は、自分がそんな重大な影響を与えていることに無自覚だ。組織の慣性に身を任している自分こそが、組織停滞の張本人であるとは露ほども思っていない。だからこそ、自分でない他者（若手は管理職と経営者、経営者は管理職と若手）にその責任を求めるのだ。クルーザーは、日和見的に振る舞うだけでなく、新しい挑戦

や変化の兆しに意識的、無意識的に抵抗することで、組織からていねいにその芽を摘んでしまう。クルーザーが経営、管理職、若手のすべての層にいること、ほとんどの企業で大多数を占めること、そして、クルーザーは大きな負の影響を組織にもたらすことを、まず直視することが、私たちには求められる。

しかし、筆者も含めて誰が「自分自身はクルーザーではない」と言い切れるだろうか。ダイナモかクルーザーかは多分に心の持ちようであり、誰のなかにもダイナモもクルーザーも存在するのだ。その比率が人によって異なるため、「あいつはダイナモ的だ」「あいつは典型的なクルーザーだ」となるだけだ。ダイナモになるか、クルーザーへの坂道を転がり落ちていくか、この目に見えぬ分水嶺を意識することが重要なのだ。

「はじめに」でも紹介した、最初にこのコンセプトを広めたデービッド・メイスターによれば、ダイナモはつねに自律的に自分（個）と組織の成長をめざす人である。つまり利己主義ではない。そしてダイナモになるかどうかを決めるのは、その人に備わった能力や知識、経験よりも、その人の生き方（実存的生き方）だと言っていい。どんなに優れていても、人はダイナモにも、クルーザーにもなりえるのである。

COLUMN	自発的隷従論と日本的経営システムの奇妙な符合

なぜ、日本企業の多くは、クルーザー人材で占められるようになったのだろうか。先述の通り、米ギャラップ社のエンゲージメント調査（2017）によれば、日本企業の「熱意あふれる社員」の割合は6%で世界最低クラスだ。94%の社員が熱意を持って働けていないなら、環境を変えようという動き（別の会社に移る、

今の職場を良くしようとする）がもっとあっても不思議ではない。不活性な組織に甘んじるような経営層、管理職、若手層の三すくみの現状は、どこからほぐすべきなのだろうか。

　ヒントを16世紀のフランスに求めてみよう。フランスの法務官僚、エティエンヌ・ド・ラ・ボエシ（1530-63年）は、『自発的隷従論』で国や組織の支配構造について、深い洞察を残している。圧政政治による支配を支えるのは、圧制者の力ではなく、「自ら進んで服従する者たち」であり、人が自発的に隷従する原因は習慣にある。隷従が当たり前の環境で育ち、隷従するようにしつけられる（教育される）と、人は隷従するのが自然な状態と感じ、隷従し続けることに疑いを持たなくなるというのだ。さらに、圧制者を守るのは、大きな騎馬隊ではなく、つねに4、5人の「小圧制者」、すなわち圧制者に取り入り、忖度し、競って圧制者と同じように考え、悪事を行う者だと看破している。

　ラ・ボエシの論説は、圧政を敷いた暴君や国に基づいているから、それと現代の日本企業を同列に扱うことに憤慨する読者もいるだろう。しかし、「自らの思いに基づき目的を設定し、主体的に行動し、圧倒的熱量で人を巻き込んでいく働き方」を、皆が知らない環境で育ち、働いているとしたら。言われたことを納期までに仕上げることだけが仕事だと、しつけられてきたとしたら。そして、その状態で働き続けることに、私たちが疑いを持っていないとしたら。さらに、経営者にもっとも上手に忖度する茶坊主が、出世の階段を上っているのを皆が目撃しているのだとしたら。

　問題が似ているのなら、解決法も参考になるかもしれない。ラ・ボエシはこう言っている。
「圧制者には、立ち向かう必要も、打ち負かす必要もない。ただ、

隷従しないと決意し、自由を欲しさえすればよい」

　経営者、管理職、若手のそれぞれが、今の経営システムの支配から自由になると決意すること。それこそが革新の出発点となることを、ラ・ボエシの論考は暗示しているようだ。

3　官僚化して身動きが取れない日本企業

　「官僚組織」という言葉によい印象を持つ現代人は、（日本人に限らず）ほとんどいないだろう。ここまで指摘してきた日本企業の症状は、硬直化した官僚組織そのものである。しかし、「官僚制」という概念は、もともとは19世紀のドイツの社会学者マックス・ウェーバーにより、優れた組織の特徴として描かれたことをご存じだろうか。ウェーバーにより描かれた官僚制は、次のような原則で構成される。

① 規則による規律の原則
② 明確な権限の原則
③ 明確な階層制構造の原則
④ 経営資材の公私分離の原則
⑤ 官職専有の排除の原則
⑥ 文書主義の原則
⑦ 任命制の原則
⑧ 契約制の原則
⑨ 資格任用制の原則
⑩ 貨幣定額俸給制の原則
⑪ 専業制の原則
⑫ 規律ある昇任制の原則

（『行政学』西尾勝、有斐閣より）

日本にあるすべての公的組織（中央政府、自治体、教育機関含む）、ほとんどの大企業に、この官僚制の原則が当てはまるのではないだろうか。ウェーバーは、プロフェッショナルな実務組織としてもっとも有効な組織形態が官僚制であると指摘しているが、当初からその欠点にも気づいていた。なかでも、代表的な欠点が、R.K. マートンにより「官僚制の逆機能」として指摘されている。

- 目的と手段の逆転：手段であるはずの規則の順守が優先され、組織目的の達成が妨げられる。とりわけ、臨機応変な対応が求められる状況（いわゆる「想定外」）に対応しづらい。
- 沈滞する職員育成：標準化・ルーティン化に基づく「誰でも職務遂行可能な状態」を理想とするため、職員の無個性化、無能力化を促進してしまう。
- 業務スピードの停滞：手続きがつねに優先されるため、業務のスピードが遅くなる。
- セクショナリズム：公益や市民より、部門の利益と保身が優先される。

　お気づきのように、マートンの指摘はこれまで見てきた日本企業の症状と一致する。つまり、官僚制が生まれたときからすでに、「官僚組織の弊害」は織り込み済みなのだ。だからこそ、世界最先端の経営はその刷新に向けて進んでいる。

　前述の通り、イノベーション・マネジメントシステムの国際規格（ISO 56002）が2019年に制定され、官僚的な体制が担う本業のオペレーション（効率化）と、創造型の体制によるイノベーション（新価値創造）の共存は、新たな常識となっている。必要悪と考えられてきた「官僚組織の弊害」から脱却し、価値を生みだす組織に生まれ変わることは、日本の組織にとって喫緊の課題なのである。

エクササイズ1：
あなたの組織の不活性度をテストしよう

　あなたの組織には、当てはまる症状がいくつあるだろうか。「組織の不活性度テスト」で確認しよう。

　（3. 非常に当てはまる　2. やや当てはまる　1. ほとんど、まったく当てはまらない：点数をつける）

1. 根回しや社内調整（稟議・承認含む）に労力を割かれ、意思決定のスピードが遅い

2. 顧客や社会のことよりも、役員・上司の意向や前例を優先して、物事が判断される

3. 新たな提案・挑戦に膨大な資料とエビデンスが求められ、多くが実施前に却下される

4. 毎年（毎期）細かい分析と計画に時間が割かれ、いったん決まると前提が変わっても変更できない

5. 形式的な社内手続きが優先され、本質的価値を生みださなくても手続き上手、説明上手な社員が優秀と見なされる

6. 製品・サービスの機能は語られるが、顧客・市場の便益や困りごとの解決には関心が払われない

7. 組織の縦割り意識が強く、部門を越えた課題や情報の共有が進まない、あるいは、意地の張り合い、対立がよく起きる

8. 経営層、管理職、若手間の相互の信頼が低く、停滞を他責とする物言いが横行している

9. はやりの経営コンセプトに一通り飛びつくが、成果が出たためしがない。そのうち自然消滅していることが多い

10. 異質な人、型破りな人の活躍する場、正当な評価がなく、そういう人材がここ最近ほとんどいない

- 合計 10-14点 ： スタートアップ並み？活性度の高い組織
- 合計 15-19点 ： 不活性な症状もあるが、日本企業の割には柔らかい
- 合計 20-24点 ： 不活性な症状が多い、典型的な日本の大企業
- 合計 25点以上：不活性な大企業病的組織（重症です）

　一人で実施してもよいが、できれば、経営層、管理職、若手（チームでもよい）それぞれで点数をつけ、結果を見せ合おう。差があれば、それについて対話をしよう。評価の違いはどこからくるのだろうか？ お互いにどこを見て、そう感じているのだろうか？

第 2 章

システムだ、愚か者

"It's the System, Stupid."

■1 つぎはぎでできている現在の経営システム

　"It's the economy, stupid."──1992年の米国大統領選でジョージ・H・ブッシュに勝利したビル・クリントンが、その選挙戦で掲げたスローガン。「経済こそが問題なのだ、愚か者」と呼びかけた。この言葉から着想し、この章のタイトルを "It's the System, Stupid."（「システムこそが問題なのだ」の意）とした。

　活力と価値が生みだされない原因を経営者に求めることも、管理職に求めることも、若手社員に求めることも簡単だ。それぞれに責任も直すべき点も、もちろんある。しかし、社員が経営を責め、経営が社員を責める不毛な議論は、いったん脇におこう。他責の議論からは何も生まれない。知を生みだす組織体という視点から見れば、経営システムと、その背後にあるプリンシプルこそが問題なのだ。

　ところで読者の皆さんは、「日本的経営」と聞いて、どのような経営を思い浮かべるだろうか？ 1970 年代、ピーター・F. ドラッカーは日本的経営を賛美した。その特徴は、課題中心の意思決定と実行力（Nemawashiで調整して、組織的に実行）、雇用保障と生産性追求のバランス（組織の結束性）、人材の継続的育成（長期視点と OJT を通じた着実な育成）だった。日本企業、とりわけ製造業が生産性と品質で世界を凌駕した1980年前後には、米国の社会学者エズラ・ヴォーゲルに『ジャパン・アズ・ナンバーワン』（1979年）で、大義の追求、コンセンサスを重視した意思決定、年功序列と終身雇用、根回しや飲みニケーションなどの習慣や経営形態に基づく、日本的官僚制（単独の組織としての官僚制だけでなく、当時の通産省など官僚主導の経済発展も含めて）を称賛され、日本的経営に自信がみなぎった。

　しかし、1990年代前半（平成の入り口）にバブル経済が崩壊し、米国企業に再び首位の座を奪われると、かつて日本企業の強みと称賛されてい

た部分が一転、日本企業の弱みとして糾弾されるという悪夢のような事態が起きた。その事態にうろたえた多くの日本企業は、日本的経営の良さ、悪さを十分に振り返ることなく、米国型の経営手法を次々と取り入れていった。株主価値を重視し、投下資本に対する短期収益の最大化を追い求め、事業と人員のリストラ、ガバナンスとコンプライアンス重視、自社株買いに象徴されるROE重視などの米国型の経営思想と手法を、日本的経営に重ね合わせていったのである。

現在の日本企業は、読者の皆さんがイメージする「日本的経営システム」によっては、おそらく動いていない。長い時間をかけて、しかし、場当たり的に、もともとの日本的経営にさまざまな米国型の経営手法を縫い合わせてできた、つぎはぎの経営システムになっているというのが、筆者の見立てだ。哲学・思想なきまま、つぎはぎを繰り返した結果、現在の大半の日本企業は、残念ながら日米の経営システムの「悪いところ取り」（米国型の株主至上主義、過度な短期成果へのフォーカスと、スピードと柔軟さを欠く日本的な官僚組織の弊害を併せ持つ）となっているように思われる。

最近では、イノベーション創出を課題とする多くの企業が、こぞってオープンイノベーション、イノベーション・センターやCVC（コーポレート・ベンチャー・キャピタル）、デザイン思考にリーンスタートアップなどの手法を導入しているが、つぎはぎだらけの経営システムに新たなつぎはぎをしたところで、十分に機能するはずもないのだ。

もちろん、現在の経営システムは、悪意あって生みだされたわけではない。勘と経験で判断しがちだった経営に科学的思考を取り入れ、計画性をもって事業を運営し、トラブルを再発させないようルールと手順を定めていくことで、効率よく企業活動を回すために築かれてきたものだ。この経営システムの根底にある思想は、組織を機械としてとらえ、その機械を想定通りに作動させることを志向する管理型の思想だ。MBA（Master of

Business Administration）を「経営管理学修士」と訳す通り、経営にまつわる変数を徹底して予測可能、計画可能、再現可能な要素に還元し、それを管理する世界観である。これは、技術革新や社会変化を含む事業を取り巻く環境の不確実性が低く、前年の実績に基づき翌年の計画を立てることができ、既存の技術の延長線上に近未来の新技術を想定できる時代には、たしかに機能した。

　平成の失われた30年は、管理型のプリンシプルに基づき、日本全体で既存事業の拡大、既存商品・サービスのカイゼン、決められたこと、言われたことをうまくやる競争（Howの競争）に注力した結果だ。目先の事業拡大やカイゼンに目を奪われ、世の中にどのような価値を生みだすか（Whatの競争）、なぜそれを追求するのか（Whyの競争）を問わず、大局観のない経営をした結果、日本企業の価値を生みだす力は衰退し続けた。価値が下がっていくモノやプロセスの効率を上げ続けることで事業を永らえようとする、「オペレーション・パラドックス」による負のスパイラルである。

　市場価値の下がる（コモディティ化が進む）商品・サービスで勝負をし続けることは、乾いた雑巾を絞り続けるということだ。成果主義導入という名のもとに労働分配率を低下させ続け（原資が小さくなり続けるのだから当然だ）ながら、過度な短期成果の追求により、経営者の任期をどうにかやり過ごす状態が多くの企業で続いた。

　オペレーション・パラドックスの最大の負の遺産は、失敗を許容しない仕組みと文化を構築、醸成してしまったことにある。100％の成功を前提とし、不良品や定刻からの遅れ、計画未達などの「失敗」をしないことを至上の目標とし、会社や事業が持つ本来の意義や価値、既存事業の脇や外にある機会や課題に目を向けること、新たなチャレンジを過度に恐れる経営に、あなたの組織もなっていないだろうか？　ここに「おっさん力学」、つまり同質化圧力に基づく前例踏襲や忖度の事なかれ経営が加わり、さらに決められたことを一生懸命やり続ける人材のご褒美昇進により、新たな

チャレンジを生みだす余白は、日本的経営システムから排除され続けた。いわば、日本的経営はイノベーションの生みだし方を、集団で忘却していったのである。

　その間に時代は移った。人はモノやサービスの単なる機能的価値ではなく、意味的、感情的価値や、コミュニティや社会へのインパクトまでを考えて、事業者とサービスを選ぶ時代に入った。さらに、1社の事業ではなく、エコシステムで価値を生みだすのが当たり前の時代に入っている。こうしたなか、誰よりも機を見るに敏な米国経営までが、株主市場価値を脱却し、「目的の大切さ」を宣言した。2019年8月に米国の大手企業経営者の団体、ビジネス・ラウンドテーブル（日本の経団連に相当）が、1997年から掲げていた「株主第一主義」の旗を下ろし、顧客、社員、サプライヤー、コミュニティ、株主などすべてのステークホルダーを重視する、「人、社会重視」への転換を表明したのだ。また、その前年には、米国最大の投資運用会社である BlackRock 社の CEO ラリー・フィンクが、「目的意識（Sense of Purpose）」と題し、「企業が継続的に発展していくためには、すべての企業は、優れた業績のみならず、社会にいかに貢献していくかを示さなければなりません。企業が株主、従業員、顧客、地域社会を含め、すべてのステークホルダーに恩恵をもたらす存在であることが、社会からの要請として高まっているのです」という書簡を投資先の経営者へ宛てている。世界の経営が目的志向とステークホルダー主義に基づく価値創造に向けた経営に向かうなか、日本的経営は、いつまで「生みだせない組織」の呪縛に囚われているつもりだろうか。

　これまでの延長線上に未来を置けない世の中に求められるのは、管理ではなく創造をベースとする経営である。経営管理（Master of Business Administration）よりも創造経営（Master of Business Creation）の方がはるかに重要だ。だからこそ、グローバルな経営の世界で起業家精神（Entrepreneurship）やイノベーション経営（Innovation Management）、

目的に基づく経営（Purpose-driven Organization）が議論の中心にきているのだ。日本企業が活力を取り戻し、新たな価値を生みだす経営に回帰するには、間違いなく創造経営に舵を切る必要がある。

　ただし、前述の通り、現在の日本企業の経営システムはつぎはぎだらけで機能不全に近い状態だ。そこにさらに「創造経営を追加する」という手軽な解法はない。その道筋については、第5章（「ダイナモ革新の道筋」）でじっくり解説したい。

❷ 知の基盤を築いてこなかった日本的経営

　日本的経営システムの特徴を語るのに、もう一つ欠かせない点は、「組

図表 2-1
米国 S&P500 企業の時価総額に占める無形・知識資産の割合

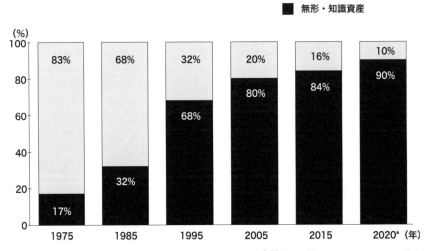

出所 https://www.oceantomo.com/ja/
出典：オーシャントモ有限責任会社 無形資産の市場価値調査 2020年
* 2020年7月1日現在の中間調査データ

織的な知の基盤を整備してこなかったこと」にある。無形資産や知識が企業の生みだす価値の源泉であることについては、もはや異論を挟む経営学者や経営者は、ほとんどいないと思われる。

　米国を代表する企業で構成されるS&P500の時価総額における、無形・知識資産の割合（「時価総額」-「保有有形資産額」で算出）は、17%に過ぎなかった1975年から、2005年には80%になり、2020年には90%にまで達している。

　「日本はどうでしょうか？」という質問を経営者・管理職の方にすると、ほとんどの方が「同様の傾向でしょう」とお答えになるのだが、実態は、大きく異なっている。

　2005年に52%を占めていた日経平均採用銘柄の無形・知識資産の割合は、2010年には15%、2020年でも27%と、極端に低迷しているのだ。こ

図表 2-2
日経平均採用銘柄の時価総額に占める無形・知識資産の割合

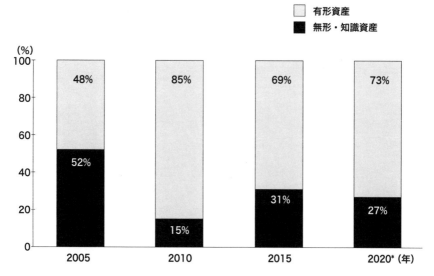

出所 https://www.oceantomo.com/ja/
出典：オーシャントモ有限責任会社 無形資産の市場価値調査 2020年
* 2020年7月1日現在の中間調査データ

れにはさまざまな説明が考えられるが、少なくともマーケットが日本企業の無形・知識資産を高く評価しているとは言えない。そして、この日本と欧米（ヨーロッパ企業の時価総額に対する無形・知識資産の割合は米国企業に近い）の差の背景には、明快な一つの理由がある。それは、「組織としての知の基盤」を構築してきたかどうかである。

「ナレッジ・マネジメント」という経営手法をご存じだろうか。無形・知識資産を組織の価値の源泉としてとらえ、その特定・創造・共有・伝承・活用を通じて価値を生みだす経営手法だ。知識を価値ある経営資源として最初に看破したのは、ピーター・F.ドラッカーだが、ナレッジ・マネジメントが経営手法として実際に広まったのは、理論の発展と環境の充実が同時に起きた1990年代中盤以降にさかのぼる。筆者が師事する野中名誉教授らによる組織的知識創造の理論化と、インターネット技術の普及や企業内ネットワークの整備、とりわけ、今でこそ当たり前の「一人1台（社員全員へのPC配布）」環境の実現が同時に起こり、世界的なナレッジ・マネジメント・ブームが2000年前後に訪れた。その当時は、日本企業と欧米企業は知のマネジメントに関して、同じスタートラインに立っていた。

多くの日本企業が「情報化投資」を掛け声に、知識共有による効率化というバラ色の未来を描き、大型ITネットワーク投資を実施した。しかし、残念ながらその多くは失敗に終わった。知識を入れる箱をつくっても、人間の行動変化が追いつかなかったのである。情報化投資とともに「失敗」の烙印を押されたナレッジ・マネジメントは下火になり、2000年中盤には、ほとんどの日本企業では苦い思い出とともに途絶えてしまった。それ以降、組織的にナレッジ・マネジメントに取り組んだ日本企業は、数えるほどしかないのではないだろうか。

同様の失敗事例は欧米企業でもあったものの、彼らは失敗から学び、軌

道修正を図った。IT ツールやネットワークの導入だけではうまくいかないことに気づき、知識共有のベースとなる、人と人との信頼関係の重要性に注目したのである。共通の専門領域や関心事を持つ人同士を、組織を越えてつなげる「コミュニティ・オブ・プラクティス」を構築することで、社内の知の流れを良くし、組織的な知識資産のマネジメントを進めてきたのである。

　米国でナレッジ・マネジメントを長年牽引してきたAPQC（米国生産性品質センター）による2019年のナレッジ・マネジメント調査には、401社が回答している。人事部やIT部がどんな大手企業にもあるように、欧米の大手企業にはナレッジ・マネジメント部が置かれ、担当役員（Chief Knowledge Officer：最高知識責任者）がいることも珍しくない。つまり、当たり前の経営活動として定着しているのだ。

　さらに、2018年11月にはナレッジ・マネジメント・システムの国際規格（ISO 30401）が発行され、グローバルなナレッジ・マネジメントの熱は再び高まっている。一方、知の基盤の整備に明示的に取り組む日本企業は依然、少数にとどまっている。2000年前後に同じスタートラインに立っていた日本企業と欧米企業は、組織的な知の基盤の整備に関して、「経営手法としての定着」と「規格としての浸透」という2周の差がつこうとしているのだ。そして、その周回差はそのまま、日本企業と欧米・アジア各国の企業（日本以外のアジア諸国には、ナレッジ・マネジメントが盛んな企業が多い）との差に直結しているのではないだろうか。

　そして、残念ながらこの「組織の知の基盤整備の不足」は、日本企業が直面する数々の課題に、直接的に関係している。

1. **イノベーション創出**：イノベーションの本質は「知の新結合」（ヨーゼフ・シュンペーター）であるにもかかわらず、その源泉となる自社の「知識資産の棚卸し」ができていない。オープンイノベーションやデザイン思考、リーンスタートアップなどを必死に進めてもイノベー

ションが起きないのは、自社の強みである知識資産が特定、認識できていないために、戦略的な知の新結合を志向できないことに一因がある。これなしでのオープンイノベーションの取り組みは、偶然の組み合わせに頼った宝くじに過ぎない。

2.人材強化：ナレッジ・ワーカーとしての人材強化には、育ってほしい人材像に基づいた必要スキル・知識の明確化と適切な成長機会（教育・研修、業務実践、異動など）が必須である。しかし、多くの企業の実態は、身につけるべきスキル・知識の粒度が非常に粗い（「リーダーシップスキル」や「コミュニケーション力」、「問題解決力」など）上に、育成は「OJT」という名の現場任せになり、プロフェッショナル人材がなかなか育たない。

3.生産性向上（働き方改革）：働き方改革の本質は、ナレッジ・ワーカーの知的生産性の向上と付加価値の創出にある。しかし、組織的に知識資産の整理をしていないために、情報探しや精査に社員の時間が割かれてしまっている。ナレッジ・マネジメントの基礎である形式知（文章・図表などで電子や紙に表された知識）の整理がされず、皆がほしい情報を求めて、共有サーバーや業務システム、キャビネットなどを探し回っているのである。いわば、部屋や机が片付いていないために、探しものに毎日、時間を取られているような状態である。特に、コロナ禍でリモートワークが広まり、隣にいる同僚に気軽に相談できなくなったため、「業務に必要な情報が手に入らず途方に暮れる」といった若手社員の生産性課題が顕在化している。

4.技術・技能伝承：長年にわたり、高い品質の商品・サービスを提供するには、世代を越えた技術・技能の伝承が欠かせない。とりわけ、製造業の製造や開発の現場では、豊かな経験と知識を持つ世代が引退間

図表 2-3
日本企業の課題の一因は知の基盤整備不足

イノベーション創出	人材強化	生産性向上（働き方改革）	技術・技能伝承
知の新結合の源泉となる知識資産を特定しておらず、戦略的な知の組み合わせが起こせない	あるべき人材像とスキル・知識の明確化がないまま、現場の OJT 任せの育成から抜け出せず、プロフェッショナル人材が育たない	社内の知識資産が整理されていないため、社員が情報探し・精査に多くの時間を取られ、効率が上がらない	経験を持つベテラン世代が引退していくにもかかわらず、ノウハウを体系的・計画的に管理・伝承せず、品質問題に直面

組織的な知の基盤整備の不足
・企業としての強みの源泉である知識資産を特定、棚卸しできていない
・重要な知識資産の組織的な整理、共有ができておらず、非効率な働き方が強いられている
・組織的に知識を創造、蓄積、伝承、共有、活用するメカニズムがない

筆者作成

近であることが多く、技術伝承が喫緊の課題となっている。しかし、技術・技能の体系的な管理、計画的な伝承をしていないため、人の引退が品質の低下に直結する危機に直面している企業が多い。

　無形・知識資産は人が生みだすため、組織的な知の基盤の整備を進めることは、自然とその創造主である人を中心に据える経営を志向することになる。日本企業が不活性化し続けた一因は、「無形の知識（資産）が経済を駆動している」という認識に基づき、組織の知の基盤整備をしてこなかったことにもあるだろう。

　この背後には、前述したモノづくり（有形資産）への強いこだわりがある。もちろん、モノがなくなるわけではないし、モノづくりはたしかに日本の強みだ。しかし、現代の価値の中心は知識資産や顧客経験価値であり、持たざる経営が強みを発揮することを、そろそろ認めなければならない。

　すでに日本でもその動きは見えはじめている。2020年12月16日にマザ

ーズに上場した家電のバルミューダは、「持たざる経営」という見出しで
日本経済新聞の企業欄を飾った。バルミューダはトースターという「あり
ふれた」製品で、「パンをふんわり焼き上げる」という顧客経験に焦点を
絞り高級化を進めた。同社の寺尾玄社長は、「上場による資金調達はすべ
て人材や開発などの投資に回す」と語っている。また、生産は半導体産業
のようなファブレス形態（自社で生産設備を持たず、製品の生産はすべて
他社に委託）をとり、総資産利益率を高めている（2019年度末で12％）。
この形態はアップルをはじめ、ロボット掃除機「ルンバ」のアイロボット
社など、世界の標準的な流れだ。一方、日本の伝統的な製造業である日立
製作所やシャープなどは、総資産利益率は5％程度にとどまる（日経新聞
2020年12月17日朝刊）。

　実は、この日の日経新聞企業欄には、他の二つの記事も並んでいた。一
つは、日立が海外家電事業を売却するというものだ。家電各社では、IoT
家電などを軸にした再編が進んでいる。もう一つの記事は、電子楽器ロー
ランドが、電子機器でなく、音源（コンテンツ）に絞って再上場するとい
うものだ。

　こうした動きは象徴的だ。いずれも、モノづくりの知を強みとして活か
しつつ、価値の中核には「知識」（顧客経験価値について、コンテンツと
して、サービスで価値を提供するチカラ）を置いている。自社の強みの知
識資産を自覚し、知識主導の価値提供へと舵を切る変化が、日本企業でも
起きている。

COLUMN	「見立てる」チカラの大切さ： 新潟県燕市の洋食器産業の転換

　新潟県燕市は、1950〜60年代に洋食器製造の一大拠点として

興隆した。江戸時代に農民の副業としてはじまった和釘製造で培った金属加工技術を活かし、明治時代後半から洋食器（スプーン、フォーク、ナイフなど）製造を展開。しかし、一時は世界中から洋食器産地として認知された燕市は、中国勢の台頭などにより競争力を失い、最盛期は1700軒いた金属研磨の職人は、600軒にまで減少した。

　この状況で2003年にできたのが、「磨き屋シンジケート」である。燕商工会議所が主催し、金属研磨を得意とする企業が集まった、スペシャリスト集団だ。磨き屋シンジケートは、洋食器メーカーとしてではなく、あらゆるものを磨く「磨きのプロ集団」として事業を展開した。洋食器製造しかしたことのない集団に、発注する会社がはたしてあるかという心配をよそに、初年度から予想以上の受注を獲得。家電メーカー、クルマの部品、建材や医療機器メーカーからノベルティ製造会社まで、多くの依頼が舞い込んだ。

　また、フラッグシップ製品として開発された、シンジケートの鏡面研磨技術を生かして仕上げたビア・マグカップ（筆者も愛用）は、1万4000円（当時）という高額にもかかわらず、一時は2年以上待ちになるぐらい注文が殺到した。アップルの携帯型デジタル音楽プレイヤー、iPodの裏面が鏡のように輝いていたのを覚えている読者も多いと思うが、これも燕市の研磨職人の仕事である。

　この転換の成功の大きな鍵は、自らの強みを「洋食器の製造」から「磨く能力」に再定義したことにある。これは、彼らの目に見えない強み、すなわち知識資産を見立て直したということだ。もちろん、磨き屋シンジケートは、一朝一夕でできたわけではない。洋食器産業が衰退するなか、危機感を抱いた30を超える中小洋食器製造の経営者が集まり、半年以上におよぶ激論を経て、

「磨くチカラ」こそ自分たちの強みであるという結論にたどり着いたのである。斜陽産業だった燕市の洋食器産業は、その「磨くチカラ」という知識資産に焦点を絞り、それをもとに、異なる「磨く技術」を持つ中小企業が手を取り合うことで、研磨事業という新たな産業を創造したのである。

知識資産の面白く、かつ難しいところは、無形であるがゆえに、見立て一つでいかようにでも新しい定義づけができる点にある。どんな業界や企業であっても、今まで気にもとめなかった枯れた技術や顧客とのネットワークが、文脈や視座が変わることで突然価値を持ちうることを、燕市の事例は物語っている。

❸ 日本的経営システムへの埋没は
キャリア形成にも不合理

日本的経営システムの機能不全は、働く人のキャリア形成への影響も大きい。「就社」という表現がある通り、卒業する年の「就活」で企業に就職し、定年まで勤め上げる間に、定期的な人事ローテーションで多様な業務を経験していくのが、日本的経営システム下の一般的なキャリア形成である。就職先の企業が永続する（倒産しない）、雇用が定年まで保証される（解雇されない）、ローテーションしながら経験を積める（一部署に塩漬けにされない）という暗黙の前提に基づく長期的キャリア形成は、前述の通り、一時は海外からも日本的経営の強み（長期視点に基づく人材育成と社員のロイヤルティの高さ）と褒め称えられた。企業の永続が前提となるため、大企業・安定企業に人気が集中し、「良い大学を出て、良い会社に入りたい」という現象が起きる。実際に平成元年（1989年）と平成最終年（2019年）の「就職人気企業ランキング」を見ても、大手商社、大

手金融、大手旅行業に大手航空会社と、似た名前が並んでいる。キャリア形成のあり方は昔より多様化しているが、安定企業に入り、部署を異動しながら組織文化と独自の慣習、業務の手順に習熟し、キャリアを積む経路は、依然として中心に置かれている。

　しかし、人生100年時代において、この経路を取る合理性は大幅に下がっている。まず、単純に自分の働く期間（22歳から70歳まで働くとすれば48年）の方が、企業寿命よりも長い可能性が高い。企業の平均寿命についてはさまざまな調査があるが、東京商工リサーチの調査で2017年に倒産した企業の平均寿命は23.5歳、別の調査では戦後の大手企業の平均寿命が60年程度であることが報告されている。破壊的技術や激しい社会変化によるビジネスモデルの短命化が進む近年、企業の淘汰・再編が激しくなっていることは明らかだ。この傾向は加速する一方であり、「将来は今より落ち着く」と予想する人は、まずいないだろう。

　さらに、ローテーションによる受動的なキャリア形成（どのような職種・業務になるかは人事次第）、自社内でしか通用しない慣習や業務手順・システムへの習熟（他社では役に立たない）で、ナレッジ・ワーカーとしての能力を磨くのは、不可能ではないにしても、非常に効率が悪い。

　後章で詳述するが、ダイナモ的に働く人は、行動を通じて能力、人脈、知識がどんどん広がっていく。もちろん、組織に隷属するかダイナモ的に働くかという二択ではない。その間には無限のグラデーションが存在するが、現在の日本的経営システムに忠実に従うキャリアの形成は、その人ならではの価値が問われるナレッジ・ワーカー時代において、分の良い賭けでないことは、誰の目にも明らかだろう。

❹ 「ダイナモ＝活力あるヤツ」の喪失

　そして、この経営システムを続けてきたことのもっとも大きな代償は、

ダイナモの喪失にある。ダイナモとは前述の通り、「思いを持って、自ら動き、仕掛ける、活力ある人材」だ。世の流れに向かってアンテナを立て、外の世界と行き来し、世のため、会社のために新しいことを仕掛ける人々である。30年間、オペレーション・パラドックスにどっぷり浸かった日本的経営システムは、ダイナモをていねいに排除しつづけた。新しい提案や活動が生まれそうなときに、前例に照らし合わせ、成功の確証（エビデンス）を求め、計画にないことやルール・手続き上できないこと、あるいは上層部・他部署が快く思わないことを理由に、試みることを却下し、挑戦した結果の失敗を減点主義で評価してきた。人と組織は学習する。社会的な課題や事業創造に思いを持って提案・活動しても、それがエビデンスや慣習の壁に阻まれ、提案者・発起人は報われないどころか、疎まれたり、失脚することすらある。その物語は、組織内で広く共有されていった。こうした物語は雄弁だ。「余計なことをするな、言うな、組織に残りたければ」、「言い出しっぺは、必ず尻拭いをさせられる」。

　その積み重ねは、年月をかけながらダイナモ人の熱量を下げ、組織から去ることを決断させ、ダイナモ予備軍を萎縮させていった。ダイナモ的であることは、よくも悪くも伝播する。生まれつきのダイナモも一部にはいるが、筆者が取材、お会いした多くの方々は、「後天的なダイナモ」だった。場や機会、あるいは先輩ダイナモが彼らを覚醒させ、ダイナモ化するよう育んできた。さらに、それを見ていた何人かの予備軍が後を追い、ダイナモ化していった。こうしたダイナモ育成サイクルは、日本的経営システムの硬直化が進むなかで逆回転し、ダイナモは失われた平成30年の間に、激減していった。さらにいえば、ダイナモ的であること同様、「クルーザー的であること」も伝播する。クルーザーとして出世する人、ダイナモとして疎まれる人を見れば、組織のなかでどう振る舞うべきかは、一目瞭然だったであろう。

5 20世紀の経営プリンシプルは死んだ

これまで指摘してきた問題は、日本企業固有のものではない。官僚組織化の弊害は、組織が大きくなればどの国でも指摘されているし、そもそも、ポスト工業化社会、知識経済への移行がもたらす構造的変化は、日本に限ったものではない。しかし、日本は工業化社会のとびきりの優等生だったため、その道一筋で「適応し過ぎ」てしまい、知識経済の流れから取り残された。潜在的な力を持ちながら、工業化時代の経営システムを追究、洗練することに埋没し、新たなパラダイムにシフトできなかった。ガラパゴス化は、製品やサービスだけでなく、経営システムでも起きているのだ。

さて、21世紀は「都市化の時代」で、2050年には90億人に迫る地球人口の7割が都市に集中するといわれる。同時に、私たちは気候変動を現実として経験しており、さまざまな地球環境とのコンフリクトを生みだしている。目にしている地球環境変動の影響は、自然界、つまり動植物と人間の境界の複雑化である。新型コロナは、まさに人間と自然の境界が破れてしまったことに端を発している。動物学の専門家によれば、今後も5年から8年のペースで、新型コロナに匹敵するような、大規模な災害が起きる可能性があるという。こうした時代に、企業経営はどうあるべきか。

日本を代表する科学史家の伊東俊太郎氏は、人類は今、環境革命の時代にあると言う。世界的に起きているさまざまな事象は、環境革命が人々の意識革命を引き起こしているのにほかならない。スウェーデンの女子学生が、環境問題に対してアピールする。こういった兆候が世界中に広がっている。

2020年5月、行政からの新型コロナウィルス感染への警告にもかかわらず、米国ミネソタ州での黒人差別に端を発する市民デモが世界各都市で起きた。この背景には、環境問題リスクがあった。米国の黒人コミュニティ

では、環境汚染が原因で死亡する確率が白人の3倍も高いという。新型コロナで亡くなる人は、人種や経済格差の犠牲者でもある。民主主義と資本主義の関係の破綻が、大きな問題として表れている。

　新型コロナですでに私たちが経験しているように、今世紀の人類は、とても生きにくい時代を生きようとしている。環境革命とそこから生じる人々や社会の「意識革命」はこれから先、かなり長い間にわたって、経済や経営をかたちづくる背後の枠組みとして作用するだろう。

　振り返って、20世紀は、第二次世界大戦後の世界（それが復興であれ冷戦であれ）の生活の基本的欲求を満たすことを経済成長の枠組みとして、産業社会を物質的に豊かにし、成熟させていった。工業社会における企業経営のシステムもプリンシプルも、この枠組みでつくられ、成熟していったものだ。同じように、21世紀は、地球環境とそれに対する人の意識が、産業や企業の形態や行動原理を形成していくと言える。先述のイノベーション・マネジメントシステムの国際規格や、米国ビジネス・ラウンドテーブルの「人、社会重視」への転換は、世界の経営システムとプリンシプルが、猛スピードで新たな方向に向かっていることを示している。

6 21世紀の経営プリンシプルへ

　21世紀は、国民国家や企業国家時代の先の社会のあり方を模索する時代でもある。20世紀を代表する経営思想家のピーター・F.ドラッカーの「アントレプレナー社会」、あるいは知識社会は、すでに現実化している。アントレプレナー社会は、ごく一部のスタートアップや起業家が活躍する社会ではない。誰しもが、アントレプレナーシップ（起業家精神）を持って、経済社会に関わる社会のビジョンである。　伝統的なビジネススクー

ルの価値が下がり、若いスタートアップが社会的イノベーションに関わる
といった光景は、ますます広がっている。

　これは、個々人が自分自身で考え、行動する、それが草の根でつながり、
大きなうねりとなる社会が訪れつつあるということだ。この時代の変化を
受けて、企業のあり方や意義、価値も大きく変わっている。今、世界で成
長する企業の多くは、草の根の社会の力を受けて活力を増している。これ
は、ダイナモが重要である大きな理由でもある。

　こんな時代には何が必要だろうか。それは、個と組織が共有できる、ゆ
るがない新たなプリンシプルではないだろうか。経営だけでなく、大きく
社会・経済まで含めたプリンシプルを変える必要があるのだ。今、世界中
で大企業を中心に、これまでと異なる経営や企業のあり方を模索する流れ
がある。20世紀を支配していた工業化社会での管理主義、つまり時間管
理型の働き方からの脱却である。

　本来的には、新たなプリンシプルは、お仕着せのものでなく、それぞれ
の個人や企業が見いだし、確立すべきだ。世界の経営戦略の動向などを認
識することはたしかに重要だが、借り物の経営手法でいたずらに変化を求
めても、過去の轍を踏むことになる。一方、かつての日本企業はモノづく
りに固執し、どのようなビジネスモデルで勝てるかを考えずに、自分自身
の過去の強みに終始してしまった。その反動がグローバル経営標準の採用
だったが、その結果はこれまで解説してきた通りだ。

　今、必要なのは、自身の強みに基づく、かつ、未来への普遍性のある経
営への転換だ。そのために、プリンシプルの見直しが求められる。新たな
プリンシプルは、新たな経営の形を生みだす。第3章では、個と組織のダ
イナモ力を引きだす、これからの経営のプリンシプルに焦点を当てる。

エクササイズ2：
あなたの組織の経営システムについて対話しよう

　自社の経営システムは目に見えないため、その現状を正しく把握するのは簡単ではない。あなたの組織の経営システムは、どのような姿をして、社員にどのようなメッセージを発しているだろうか？ 若手・管理職・経営層同士で、以下について対話をしてみよう。

問.自社の経営システム（組織構造、業務手順やルール、業務システムやツール、組織文化、業績評価と出世の仕方などで構成）が言葉で話せるとしたら、どのようなメッセージを社員に発しているだろうか？
（例：「長期ビジョンよりも短期売上優先」や「上司の言うことは絶対」、「エビデンスなしでは仕事と呼ばない」など）

問.それは、どのようなところから感じられるか？

問.自社の強みとなる無形・知識資産はしっかりと認識、活用されているだろうか？

問.社員をプロフェッショナル、ナレッジ・ワーカーとして育てる思想と仕組みがあるだろうか？

問.自社はダイナモ的な行動を奨励、それとも萎縮させているか？ 何がそうさせているのか？

第3章

経営プリンシプルの総取り替え

Transition of Management Principles

1 プリンシプルを取り替えるとは どういうことか

　企業や組織は人間のつくりだしたものだから、そこにはその成長の過程で経験的に生まれてきた、基本的な考え方やモデルといったものがある。つまり、企業経営の背後には、なんらかの思想や行動のプリンシプル（原則）が存在する。たとえば、創業者の理念などもその一つだし、無意識的に慣習化してきた「習俗」のようなものもある。これらの原則は、企業というシステムや社員の日常の行動や意思決定において、目に見えない、しかし重要な因子として働いている。あなたの企業の考え方やモデルの底辺にあるものは何か、考えてみよう。たとえば、土台にあるのはモノづくりや、生産性や効率性、組織の利益の重視といったものかもしれない。

　第1章と2章で見てきたように、多くの日本企業は、「経済マシン」としての企業を成り立たせていた旧態依然としたプリンシプルをいまだ手放せずにいる。年代物ともいえるルールのもと、細部末端までガチガチにつくり込まれ固められた経営システムのなかで、変化しようともがき苦しんでいるようだ。この根底にある視座や原則は、機械論的な組織と経営だろう。私たちが日常的に使っている「インプット」、「アウトプット」、「リソース」といった用語は、このものの見方を端的に表している。社員を含めたリソースをインプットとして投入し、アウトプットを吐き出す機械が企業であり、機械がちゃんと動くよう管理することを「経営」と呼んでいるわけだ（英語では、管理も経営も「マネジメント」）。

　しかし、工業化社会から知識社会に移り変わった現在、もっとも重要な経営資源は、社員やパートナーなど「個」の持つ知識や能力に代わった。これらを引きだし、活かすことが最大の課題だが、機械論的な経営モデル

や経営原則のままではその課題に立ち向かうことはできないのだ。

　実際、こうした時代の流れからか、「社員の自律性を！」とか「モチベーション向上！」といったスローガンが最近よく聞こえてくる。しかし、自律するのもモチベーションを上げるのも、そもそも個の意思だ。それを操作的に上げようとするアプローチは、機械論的なものの見方を脱却できていない証左である。今、問われているのは、社員の自律性やモチベーションを外から高めるという企業側の都合、上から目線ではなく、人間を基盤に置いた経営への転換だ。それは人間をモノ（資源）として扱ってきた機械論的な経営へのアンチテーゼ（否定ではなく対立しつつ発展する論理）である。

　知識社会における企業や組織では、これまでの常識だったリーダーシップ論さえも、もはや合わなくなってきている。今、求められているのは、ヒエラルキー（階層）で構築された組織に最適化されたリーダーではなく、有機的で、共同体（コミュニティ）を重視し、かつ外の社会に対しても開かれた、人間力を基盤にしたリーダーシップだ。それが意味するのは目的に基づく、自律的な、個々の参加意識を引きだすような組織のあり方だ。こうした考え方に基づく経営でなければ、知の創発を起こすことはできない。

　企業や経営の論理は、大きな転換期を迎えている。しかし、「日本の危機」とか「世界の大転換」などと大上段に振りかざしても、空回りしてしまいそうだ。求められるのは意識の再生だ。それは一言で言えば、「機械論の経営」から「経営の人間化」への転換である。そして、壁に突き当たった企業経営に求められるのは、小手先のシステム改革ではなく、新しい行動原則や原理：プリンシプルに目を向けることである。これまで大事にしてきた経営原則の総取り替えが必要なのだ。本章ではそのフレームになる考え方として、次の10のプリンシプルの入れ替えを提言したい。

①「利己主義」から「利他主義」へ
②「短期（実績主義）」から「長期（ビジョンに基づく自律性）」へ
③「計画と実行」から「目的と実践（試行錯誤）」へ
④「情報処理のための組織」から「知識創造のための組織」へ
⑤「論理分析」から「共感と相互主観性」へ
⑥「他者のストーリー」から「自ら物語るナラティブ」へ
⑦「階層型組織」から「有機的な『場』の組織」へ
⑧「同質性」から「認知多様性」へ
⑨「意思決定」から「実践的判断」へ
⑩「自社中心」から「エコシステム主導」へ

　プリンシプルの革新とは、従来のように組織を「経済マシン」と見立てて、表層の故障箇所（社員の動機付けや評価システム）を直したり、組織図を改革して機械の構造を変えようとしたりすることではない。それらは結局、自分を組織から切り離して見る、傍観者・評論家的な改革の域を越えていかない。今、求められる変化は、自分ごととして、実存的な生きる人間の活動こそを企業や組織の実体ととらえ、意思ある人間（経営者、管理職、若手すべての層のダイナモ）の行動変容を導くことだ。組織全体をダイナモ化すべく、新たなプリンシプルによって、化学反応を起こすことである。

　したがってプリンシプルの総取り替えといっても、それはこれまでのプリンシプルを完全に否定し、捨て去って、真新しいものに身を任せるということではない。それは、時代に合わなくなったプリンシプルから新たなプリンシプルへと創造的進化をすることであり、意識や視野を拡張することであり、バランスの転換を自律的に行うことである。実は、新たな経営プリンシプルは、かつての（「良き時代」の）日本的経営の組織プロフィールに近いものだ。前述の通り、ほとんどの日本企業では失われてしまったが、まだ、その火種が残っている企業は、本書のレシピによって再考し

てみてほしい。

❷ すでに起きているプリンシプルの変化

　10の新しいプリンシプルの話に入る前に、プリンシプルを変えるとは一体どういうことかについて、あらためて考えておきたい。経営の原理原則など、変えようと思ってすぐに変えられるものではないと思うかもしれない。しかし、一方では、こうした大転換はじわじわと、否応なしにはじまっている。

　まずは経済学の世界に目を向けると、この学問領域ではすでに10年以上前から、パラダイムシフトが起きている。そのきっかけの一つは2008年のリーマンショックだった。

　経済学者の岩井克人は、米国型の株主主権論の本質的誤りを指摘して、それが日本型の会社には合わないことから、その先の視座として「ポスト産業資本主義」への構造変化をうったえた（『会社はこれからどうなるのか』、平凡社）。そして利潤の源泉が、おカネでは買えない人間の頭の中の知識や能力へと転換しつつあると考えた。そして、おカネを提供するだけの株主の地位の相対的低下を予見していた。

　岩井氏は、知識資産、知識創造に基づく経営の経済学的背景を準備していたと言える。それは裏返せば、自ら生産手段を有するナレッジ・ワーカーの時代が来たことの示唆でもあった。イノベーション人材、アントレプレナー、イントラプレナー、あるいはダイナモと、呼び方はさまざまだが、共通するのは個々人の「自律的選択」に基づく働き方、生き方だ。

　そして2018年、ノーベル経済学賞がニューヨーク大学のポール・ローマー教授に授与された。賞の対象は「知識イノベーション」による長期的成長の理論だった。

この理論は、企業や研究機関の技術革新などによって創造された新たな知識資産が、企業や市民を通じて社会に共有・蓄積・再活用され、それが持続的な経済成長に寄与するというものである。

　アダム・スミスの頃から、技術革新が経済成長に影響を与えることは認識されていた。にもかかわらず、新古典派のマクロ経済学では、新技術の創造のインパクトをモデル化できなかった。新古典派では、人口成長率（外生的要因）で経済成長率が決定される。たとえば、発展途上国の人口成長率が同じなら、経済成長率は資本や労働力の投入により、一定水準に落ち着くはずである。しかし、現実の経済成長は地域ごと多様に起きている。

　そこで、技術的変化を成長要因として考慮に入れる理論として1980年代に登場したのが、内生的理論（経済現象を外生的要因によってではなく、体系内の内生的変数によって説明する）だった。完全情報の世界を扱おうとする新古典派が変数として取り入れていなかったのは、企業の研究開発などで生みだされる人間の「知識」や「アイデア」だったのだ。

　1990年の論文でローマーは、知識が「非競合的財」で、使用してもなくならないという特性（収穫逓増）に着眼した。企業内の個人や組織が生んだ知識の増分は、研究開発に投じられる人的資本と、蓄積された知識の量によって示される。そのアイデアや革新的技術は使用後も消滅せず、社会共通資本として共有され、他の企業にも伝播する。それらがいかに次の製品やビジネスに結びつくかは、国家の政策、社会制度などにも依存する。

　これは社会共通資本の重要性に目を向けた、イノベーションを支持する理論とも言える。産業、官庁、自治体、大学、研究機関、優秀な起業家コミュニティ、市民が「知のエコシステム」として統合されることで、社会＝経済システムの強みが発揮される。

　私たちは、こうした知識とイノベーションの特質を前提とした、社会実装を考える必要があるのだ。ちなみに2018年の経済学賞は、「炭素税の提

唱者」として知られるウィリアム・ノードハウス氏との共同受賞だった。これは、国家や企業にとって「イノベーションと環境」が経済的成長の基礎になるという、心すべきメッセージでもあろう。企業経営の上流では、すでにこうした原理原則の転換が起きているのだ。

　また、企業の現場に目を転じても、たとえば、システム開発のプロジェクトマネジメント（PM）の領域では、すでにその原理原則に大きな変化が起きている。従来のウォーターフォール型（計画型の開発）のプロセスから、アジャイル型（俊敏な開発）のプロセスへの変化だ。

　2017年に米PMI（Project Management Institute）が発行した「プロジェクトマネジメント知識体系ガイド（PMBOKガイド）第6版」では、アジャイル型のPM手法の記述が追加されている。これはこの改訂の目玉だった。ウォーターフォール型から、アジャイル型重視への開発パラダイムの変化を取り入れる動きだ。かつては、ソフトウェア開発でアジャイルは、キワモノ扱いされてきた。しかし、クラウドサービスなどの進展によってプロジェクト形態が変化し、さらにデジタル革新が進むなかで、アジャイルは標準化しつつある。これまで考えられなかったような分野にまで、アジャイルは広がっている。たとえば、イーロン・マスク率いるテスラの電気自動車開発やスペースX社のロケット（ファルコン・ヘビー）の開発は、試行錯誤を繰り返すアジャイル型の大規模プロジェクトとして進められている。従来の常識では、宇宙開発プロジェクトをアジャイルに進めることなど考えられなかった。

　なぜこんなことが起きているのか。これは、従来のプロジェクトマネジメント手法の背後にある、19世紀後半から20世紀初めに生まれたさまざまな方法論が現在の文脈に必ずしも有効でなくなり、陳腐化しているからだ。プロジェクトマネジメントのような、現場での動きに敏感であらざるをえない世界では、PDCAのような計画主義を超えるべく、プリンシプルを刷新することが、すでに新たな常識となっているのである。

ところが、経済学やプロジェクトマネジメントの世界で進んでいることが、企業の経営では起きていない。さまざまな形で新たな経営のあり方やモデル、仕組みについてのアイデアが生まれ、提言されてはいるものの、第1章や2章で見てきた通り、既存の組織の成り立ちや思考形態自体から見直す動きには至っていない。もちろん、頭では分かっている。しかし、今企業や経営は、上流の経済学の世界ですでに起きている変化と、下流の現場ですでに起きている変化の急流のはざまで、取り残されたかのように澱んだままでいる。

　日本だけでなく世界の企業が変化しようと考えているなかで、何がその原動力になるだろうか。

　それは、組織の中で自律的に生きようとするダイナモ人とそのエネルギーだ。自律的に動く人には、そうでない人とは別次元の熱量がある。それが、組織全体の変化の原動力を生みだす。ダイナモは、自発的変革者であり、未来を創り変える存在だ。彼らの持つ個の自律性はいわゆる「個人主義」とは異なる。個々人がバラバラにその思いを追求すれば、力は分散してしまい、組織としての力は生まれない。

　ダイナモが活躍できる組織、あるいはダイナモがつくる組織とは、大きな目的を共有し、自律的に社会や顧客と関わる価値創造型の組織だ。会社のルールに従う「指示待ち族（クルーザー）」による官僚主義型組織から、「自律人」であるダイナモ中心の組織への転換が必要なのである。当然ながら、それを支えるリーダーシップのあり方も、変わらねばならない。では、どこから転換を図ればよいのだろうか。

　その指針となる10のプリンシプルを以下に示していこう。これらは、すべて、知識創造理論に基づいている。プリンシプルはルールではない。ルールは「こうしなさい」と命じるが、プリンシプルは「こうしたらうまくいくよ」と示唆する。本書では、10の新たなプリンシプルを、「〇〇か

ら◎◎へ」というかたちで、意識や思考の転換や拡張、進化として表現している。これは、今まで信じてきた○○の思い込みや呪縛からいったん自らを解放し、これまでと異なる（多くは正反対の）◎◎に目を向け、拠り所を求めることで、経営や仕事への新たな道筋を開くことを意味する。

3 10の新プリンシプル

　10のプリンシプルは、知識創造のための人間を中心に置いた経営のコンセプトを具現化している。まずは、その全体構成から見てみよう。人間中心の経営は、六つの要素（P）によって成り立っている。

　　＜人間中心の経営の六つの要素＞
　◆ Perspective 20世紀とは異なる「視点」
　◆ Purpose 創造を駆動する「目的」
　◆ Passion 人間の感情、主観の復権「共感」
　◆ Place「場」（ba）からなる組織
　◆ Prudence「賢慮」に基づくリーダーシップ
　◆ Partnership 共創のための「協力」

　見ていただいて分かる通り、これらは従来の機械論的な原則に基づく経営では、あまり強調されなかった要素だ。これらの六つの要素に基づいて、人間中心の創造的な経営を行うためには、プリンシプルの入れ替えが必要となる。「六つの要素」に沿って「10のプリンシプル」を一つひとつ見ていこう。

図表 3-1

「人間中心の経営」の6要素

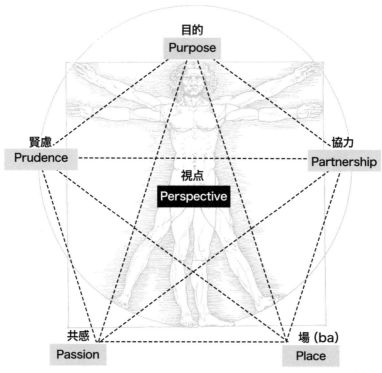

（背景の人体画像はhttps://commons.wikimedia.org/より）

出所：筆者作成

◆ Perspective「視点」 20世紀とは異なるモノの見方

① 「利己主義」から「利他主義」へ

② 「短期（実績主義）」から「長期（ビジョンに基づく自律性）」へ

◆ Purpose「目的」 創造を駆動する相互主観性

③ 「計画と実行」から「目的と実践（試行錯誤）」へ

④ 「情報処理のための組織」から「知識創造のための組織」へ

◆ Passion「共感」 人間の感情、共感、主観の復権
⑤「論理分析」から「共感と相互主観性」へ
⑥「他者のストーリー」から「自ら物語るナラティブ」へ

◆ Place「場」(ba) 組織図でない人間の場から構成される組織
⑦「階層型組織」から「有機的な『場』の組織」へ
⑧「同質性」から「認知多様性」へ

◆ Prudence「賢慮」 実践的智慧とリーダーシップ
⑨「意思決定」から「実践的判断」へ

◆ Partnership 共創のための「協力」
⑩「自社中心」から「エコシステム主導」へ

Perspective「視点」 20世紀とは異なるモノの見方

①「利己主義」から「利他主義」へ

　これまでの経営や企業の理論の主語は、つねに「我が社」にあった。我が社の組織、我が社の競争戦略、我が社（と株主）の利益が起点にあった。自覚していないかもしれないが、その世界観は、利己主義に基づいていた。あなたの会社が「過去最高益」とか「ROE 10%超え」するかどうかは、顧客や社会からみれば、どうでもよいことだ。社会の公器たるあなたの企業は、どのように社会と顧客に貢献するのか。決して綺麗ごとではなく、どのように「世のため、人のため」に存在しようとしているかが、問われる時代なのだ。前述の米国ビジネス・ラウンドテーブルのステークホルダー主義（脱株主至上主義）の宣言や、近年のESG投資（環境 Environment・

社会 Social・企業統治 Governance に配慮している企業を重視、選別して行う投資）の興隆は、もっとも資本主義的な米国産業界や金融界が、すでに方向転換をしていることの表れである。

　経営者も従業員も、企業経営の環境が、以前とはまったく違う組成の「大気」に変化していることに目を向けなければならない。かつて恐竜が生きていたジュラ紀は、温暖で大気中の二酸化炭素濃度が高かったが、その後、急速に低下した。そして、大量の酸素を必要とする哺乳類や鳥類に適した大気になり、変温動物だった恐竜には生きにくい時代が到来した。

　企業も、社会的、経済的、文化的関係のなかで、生態系（エコシステム）を形成している。哺乳類や鳥類と同じように、エコシステムの変化の認識と対応ができなければ、異なる環境に対応できず絶滅の道を辿ることになる。

　もうすでに、従来の製造業のように、自社ですべてモノをつくって売るといった閉じられたバリューチェーンやビジネスモデルでは、企業の存続が不可能な時代に入っている。

　世界最大の白物家電企業となった、中国のハイアールが主張するように、エコシステムはもはや経営基盤となっているのだ（https://corporate-rebels.com/why-haier-introduced-ecosystems-and-how-they-work/）。エコシステムは、自社以外の多様なパートナーや顧客とともに形成される。そこでは、利他主義を志向するコンセプトしか、基盤になりえない。「わが社が繁栄したい、儲けたい」（利己主義）では、誰がそのエコシステムに加わりたいと思うだろうか。

　さらに、その延長線上には、新しい産業の創造や、都市のデザインといった、未来をつくろうとする社会的構想力が展開される。トヨタやNTT、日立製作所などの企業も、都市デザインや社会イノベーションに大きな関心を示している。持続的なイノベーションが求められる今、利他主義とともに、未来をつくろうとする態度、すなわち実存主義的な思考（本章の5

節で詳述）が、経営の基盤とならねばならない。

　筆者らの調査（エコシスラボ調査）によれば、新型コロナウィルスが猛威を奮いはじめていた2020年春夏の時点で、イノベーションによって具体的な成果を生みだす日本企業が認められた（図表3-2）。その割合は7%弱にしか過ぎなかったが、彼らは、全体の三分の二が売り上げの減少、三分の一が顧客の減少に直面するなかで、こうした全体の傾向とは大きく異なり、売り上げや顧客を伸ばしていた。

　イノベーションは、不確実な時代において企業の基本行動なのだ。そして、この調査によればイノベーションによる成果を生みだす企業は、社会的イノベーションを経営の中核に置く傾向がある。

②「短期（実績主義）」から「長期（ビジョンに基づく自律性）」へ

　VUCA（ブーカ：Volatility 変動性、Uncertainty 不確実性、Complexity 複雑性、Ambiguity あいまい性）の時代と言われて久しい。先が読めない時代には、従来のような計画主義は機能しない。VUCA な環境では、入念に計画を立てて、一気呵成に目先の目標に向けて実行する経営や事業のやり方は、すでに大きなリスクとなっているのだ。

　今ほど経営を長期的視野で考えなければならない時代はない。それは、現在の複雑性や不確実性が、長期的変動と紐づいているからだ。経営者は、数十年先を見通そうと努力する必要がある。新たに働きはじめた若者は、自分たちの未来を自ら考えねばならない。もっとも大切なのは「長期」の視点なのだ。10年、50年、100年後にどのような地球、国、地域、組織をつくりたいのか。そこからバックキャストしたときに、今、何に着手すべきなのか。たんなるバックキャストではだめだ。シナリオは一つではない。時間軸を変えることは、目的意識（sense of purpose）を組織に取り戻す上で、非常に効果的だ。また、長期でモノを見ることは、自社利益という小さな枠を飛びだし、社会最適・社会価値を自社の事業に繋げる視座を自

社会的イノベーションはイノベーション成果の基本だ

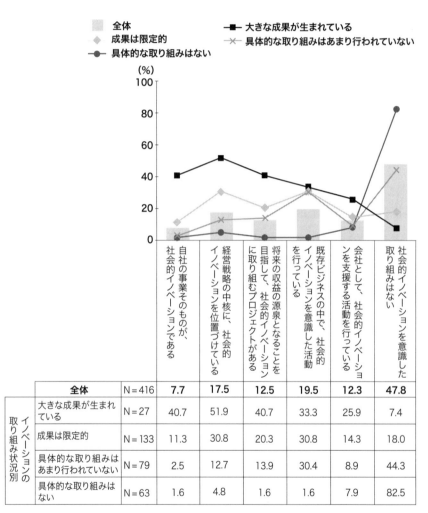

			N=416	自社の事業そのものが、社会的イノベーションである	経営戦略の中核に、社会的イノベーションを位置づけている	将来の収益の源泉となることを目指して、社会的イノベーションに取り組むプロジェクトがある	既存ビジネスの中で、社会的イノベーションを意識した活動を行っている	会社として、社会的イノベーションを支援する活動を行っている	社会的イノベーションを意識した取り組みはない
	全体		N=416	**7.7**	**17.5**	**12.5**	**19.5**	**12.3**	**47.8**
イノベーションの取り組み状況別	大きな成果が生まれている	N=27		40.7	51.9	40.7	33.3	25.9	7.4
	成果は限定的	N=133		11.3	30.8	20.3	30.8	14.3	18.0
	具体的な取り組みはあまり行われていない	N=79		2.5	12.7	13.9	30.4	8.9	44.3
	具体的な取り組みはない	N=63		1.6	4.8	1.6	1.6	7.9	82.5

出所：筆者モニター調査（2020）

＊図は、2020年9月民間企業（従業員数300人以上）の従業員（勤続3年以上の正社員）を対象にしたオンライン調査（416サンプル、経営者・役員22人、部長相当32人、課長相当52人、係長相当89人、一般社員221人）（エコシスラボ株式会社の調査より抜粋）「イノベーションで大きな成果が生まれている」と回答した人の半数以上（51.9％）が、自社は「経営戦略の中核に、社会的イノベーションを位置づけている」と回答している。

然と得ることにもなる。

　短期に着目する経営は、業績をつねに気にする経営でもある。四半期の利益と株価の上下動だけを気にする経営の問題は、組織の目的や存在意義の視点を欠落させた経営になり、やがて誰もそれに気づかなくなることだ。3カ月に1回の成績表のみに皆の意識が集まり、大切なことや将来のことは先送りされ続ける。3カ月の先送りも20回続けば5年、40回続けば10年となる。先送りに続けているうちに、もっとも大切なことが議題にのぼらない組織となる。

　世の中からみたとき、あなたの会社の企業価値は、過去一年の業績の「通信簿」に基づくものなのか、それとも、これから先に成そうとすることの目的や未来の構想によるものなのか、大きく視点を転換すべき時期がきている。

　今、こうした認識から中期経営計画（中計）をやめてしまう、あるいは計画をつくっても外部に発表しない、という会社も増えつつある。前述の通り、変化が大きく不確実な環境では、過去のデータや思考でつくられた計画にこだわることはリスクとなる。一方、「もう、中計なんていらない」と言い切ってみせるのは容易だが、無責任でもある。実際には計画が皆無だと、組織は右往左往するのも現実だ。問題なのは、立てられた計画に固執する変化について鈍感であいまいな姿勢や、社内政治的なプロセスの方だ。問題は中計そのものではないことに気づくべきだ。それを打ち破るためにも、長期の視座やビジョン、中核となる目的が重要となる。

　ビジョンに基づいた活動は、多大な時間的投資をして計画するのではなく、構想を立ち上げながら、実験の場を先行的につくり、顧客や周りからフィードバックを得て、賛同者や資本を集めながら進める方が適している。大きな目的を持って、自社だけでなく、社会を巻き込んでいく姿勢が不可欠だ。モノやハードをつくって売るという発想ではなく、思想、プロセス（やり方）、手法に興味をもってもらい、参加してもらうことが大事だ。

そして、ビジョンと同時に求められるのが、組織内の個々人の自律性だ。ビジョンの大目的を考え、個々が自律的・機動的に、創発的に動く必要がある。自律した個には、真剣に変化や未来に向き合う資質が求められる。一朝一夕には生まれないかもしれない。しかし、個にそのような資質があることを前提とするのが、これからのプリンシプルだ。

COLUMN | 能楽にみる「超期」の視座

能楽師の安田登氏は、能がなぜ何百年も続いてきたのかを現代の私たちに問うている（『能―650年続いた仕掛けとは―』、新潮新書）。それはたんに古いものを守ることではない。日々の実践の中に長期的な視座と成長の運動論が埋め込まれているのだ。たとえば、新しい能管（横笛）は、音が出て、使えるようになるまで、人が何十年も吹き続けないといけない。それは学習と成熟、さらには守・破・離という革新のための道筋であるのと同時に、次世代、さらにその先の世代に思いを馳せ、繋げる行為なのだ。

江戸時代には、能は武士だけのカリキュラムだったという。それは能の鍛錬をつうじて、いわば共通の行動原則（プリンシプル）を持つことで、起こりうる有事の際にも、指示待ちでいることなく、一気に機動的に行動できる「溜め」を養うためでもあったという。それは武士の支配する社会でありながらも、具体的な戦をすることなく、持続的な平和状態を保つための長期、いや「超期」の構想だったと言える。

③「計画と実行」から「目的と実践（試行錯誤）」へ

　経営の人間化とは、たんなる人間中心主義（ヒューマニズム）ではなく、経営を動かすエンジンとして、人間的要素（ダイナモ力）を復権させることである。そのカギは、目的（purpose）、共感（passion）、場（place）の三つである。これらは、人間の知性、感情、身体を動員する、創造的能力に関わるものだ。

　あなたの組織では、目的や価値観が明示されているだろうか。トップから新入社員まで、どれくらい真剣にその目的に向き合っているだろうか。

　これまで見てきた通り、緻密で柔軟性のない計画がうまくいかない実態は、計画（すること、あること）自体が悪いのではなく、環境変化の激しい現代において、計画中心主義が破綻していることを意味している。これからは、計画を動態的に創発できることが重要だ。目的をつねに模索し、当事者とともに仮説を定め、試行錯誤的に目的と手段の関係を発見していくような創発的なアプローチだ。

　シナリオ・プランニングなどの技法と並んで、その重要な方法論が「目的工学」（パーパス・エンジニアリング）である。それは、大きなインパクトを想定する大目的と、個々の当事者やメンバーが持つそれぞれの目的（小目的）を、強い駆動目標あるいは中目的によって綜合していく、目的に基づく経営やプロジェクトの手法である。たとえばテスラは化石燃料に依存しないエネルギー社会をめざし、その目的のために電気自動車を生産している。彼らは、良い電気自動車を作ろうとする、いわゆる自動車産業のメーカーではないのだ。化石燃料に依存しない社会を実現するために、

最適な発電・充電システムとともに、エコシステムとし、必要な航続距離を持った電気自動車の普及をめざしているのだ。生産量がトヨタより二桁少ないテスラが、トヨタを含めた自動車大手6社合計の時価総額を凌いでいる（2021年1月6日現在）。事実テスラは成長著しい電気自動車市場ではすでにトップシェアであり、共通善に基づく目的が生みだすポテンシャルを示している。

**COLUMN │ 目的工学を使って目的群を
オーケストレーションさせる**

　目的に基づく経営・イノベーションはいまや企業の新たな行動原則である。前述の通り、2019年8月、米国ビジネス・ラウンドテーブルで主要企業の経営者約200人が共同声明を発表した。それは株式利益至上主義、ROE経営、生産性向上という概念を超えて、社会のためによりよい製品やサービスを提供する「目的に基づく経営」へのピボッティング（方向転換）である。米国の経営者は先を見て動いているようだ。

　ただし、たんに目的の重要性を標榜しても、イノベーションが起きるわけではない。「よい目的」の創出、当事者間の目的の調整を介してイノベーションを実践綜合する方法論が必要である。それを目的工学と呼んでいる。それは次のように定義される。

　「社会的に意義ある価値を形成するため、関係する個々の主体が、あるべき未来の実現をめざし、協力せざるをえないような善い目的を共有する臨時的共同体を形成し、必要な資源を持ち寄り、動態的に目的と手段・技術の体系を調整しつつ、より高い価値を創造するために知識を綜合していくための思想と方法の体系」

　目的工学は、（1）大目的（共通善を志向する）―中目的―小

目的（個々の目的）という、異なるレベルの目的群を体系的に創
出、調整し、（2）中目的（駆動目標）をもとに、仮説・綜合・
検証のプロセス、つまり知識創造を組織化（オーケストレート）
することで目的を達成していく、イノベーション経営やプロジェ
クトマネジメントの手法である。

（『WISEPLACE INNOVATION 目的工学によるイノベーションの実践手法』紺野ほか、翔泳社）

④「情報処理のための組織」から「知識創造のための組織」へ

　暗黙知と形式知の循環がイノベーションの中核にあり、価値を創造する
というのが、知識創造理論だ。決まったルーティンや、システムの内部で
カイゼンのループ、PDCAを回すのではない。自らの主観を豊かにし、
それを他者と共有・共感されるものとし、試行錯誤しながら形に落とし、
フィードバックを受けて、自らの思いや考えを昇華させる。イノベーショ
ンとは場を通じた暗黙知と形式知の相互変換のプロセスである。

　一方、これまでの日本企業は、PDCAによる情報処理を中心に据えて
きた。計画と予測を立て（P）、計画に基づき実行し（D）、計画と実績の
差異を測定・分析し（C）、カイゼンする（A）。このサイクルに基づく経
営では、知識創造する余白はきわめて小さかった。正直、日本でPDCA
に関して否定的なことを言うのははばかられる。なかには、日本はイノベ
ーションには向かない、PDCAやカイゼンが向いているという主張もあ
るからだ。

　デミング博士が導入したとされるPDCAだが、博士の日本での講演に
触発された日本の品質管理運動のグループがPDCAを確立したと言われ
ている。しかし、近年PDCAへの批判は多い。博士自身も晩年批判的だ
ったとされる。その要点はP（計画）ありきで、管理主義的になり現在の
複雑な経営環境に適さなくなったということだ。いくら改善を重ねてもイ
ノベーションは起こらない。PDCAは、不良品や失敗をなくすための改

善方法としては優れているが、そのサイクルにハマれば、Pすなわち計画と予測を超える新たなものは生まれない。

　知識創造プロセスは、日本的経営が元気だった時代の文脈から抽出されたモデルであり、イノベーションに欠かせない活動だ。そして、それを支えるのが、仕事や組織を情報処理としてではなく、知識創造の場と見なす考え方なのだ。そこでは、人間が創造主体として主役となる。情報処理は、すでにコンピューターがその多くを担うようになった。私たち人に残されているのは、自らの思いを現実化するために、いかに知識創造をするかだ。知識を生みだす人＝ダイナモが、価値を創出するのだ。

Passion「共感」　人間の感情、共感、主観の復権

---

⑤「論理分析」から「共感と相互主観性」へ

　あなたの会社では、社員が情熱的に語ったり、青臭い考えや率直な意見を表明したりすることが、どの程度受け入れられているだろうか。そもそも、そうしたことが気になったり、話題になったりしているだろうか。それとも、効率性やルールが優先され、あるいは、現状に忙殺されそれどころではないという状況だろうか。青臭いことを言ったり、感情を表したりすることは、官僚的組織では歓迎されない。しかし、危機的状況において、最後に組織の力となるのは、人間の感情力、主観的な力の方だ。

　エビデンスの過剰信奉、リスク分析症候群（分析麻痺）などが蔓延している。客観的データに基づく判断こそが、経営の基本と我々は信じてきた。しかし、三つの基本的なことさえ知っていれば、客観分析とそれに基づく判断が、実は大して重要ではないと分かるはずだ。まず、人口予測などごく一部の例外を除き、未来のデータはないこと。次に、イノベーション・価値創造の本質は試行錯誤であり、客観データを求めることは、試行錯誤

の足を止めさせるもっとも確実な方法だということ。そして、客観データがあれば判断は自明であり、経営者の意思決定力など不要だということ。データに基づく結論を機械が下せばいい。

　どういう未来を見たいのか、なぜ、その未来が見たいのか。そして、その未来を「私が見たい未来」から「私たちが見たい未来」に広げていく。経営・リーダー・若手に求められるのは、客観的視点ではなく、主観的視点とそこに共感を生みだすチカラだ。

　20世紀に発展した経営学は、経済学を倣って客観的なサイエンスたろうとした。しかし、過剰な論理分析は、経営の機械化、非人間化、経済マシンとしての企業という側面を強めてしまった。客観性偏重から抜けだし、主観性を復権させなければならない。ただし、あなたの主観を、個人や一企業の主観ではなく、顧客や社会と共通で志向する「相互主観性」に高めなければならない。一人や一企業では、つくりたい未来はつくれないからだ。フランスの哲学者・現象学者のメルロー＝ポンティは、本来の客観性の基礎となる「相互主観性」（複数の主観の間で共通に成立する主観性）の本質は身体感覚に基づいて相互に浸透することで生まれる関係性、つまり間身体性（inter-corporeality）だと解釈した。それは、現場現実（現場主義ではない）のディテールから、世界をみる見方でもある。

⑥「他者のストーリー」から「自ら物語るナラティブ」へ

　ありとあらゆる現象が、データ化される時代が来ている。たとえば、クォンティファイド・セルフという概念は、我々自身がデータによってデジタル化していく世界を描いている（https://quantifiedself.com）。米ワイアード元編集者のケヴィン・ケリーらが提唱した概念で、「定量化された」、あるいは「数値化された」自分という意味だ。ウエアラブル端末のセンサーなどによって、あらゆる知能・身体・感情などのデータが得られる。それらをクラウドなどに集約すれば、自分自身のデジタルツインができると

いうわけである。こういった時代は現実化している。したがって、データで示すこと自体は、もはやコモディティ、画一化だ。

これは企業も同じだ。デジタル・トランスフォーメーションも、デジタル化が課題なのではなくその先だ。自分だけのデータの上で、何を物語れるか（ナラティブ）が重要になっている。ただし、その物語とは、すでにある成功事例を後付けで分析したストーリーのことではない。新たに難しいことにチャレンジし、暗中模索しながら意味を見いだしていくような、挑戦的なナラティブが重要だ。たとえば、デジタル・ヘルスなどのビジネスでは、顧客（患者）個別のフィードバックをもとにした対応をナラティブに実践することが、次なる行為と価値の源泉になっている。

それは、旅をしながら発見していくプロセスに似ている。根底にあるのは、人間価値を重視した使命感や自覚である。不確実性を前提にして、直観や感情の力を前面に出し、活かすことが、価値の創出に繋がるのだ。これは、まさに実存主義的なプリンシプルと言っていいだろう。

先述したように自分の主観を相互主観性に昇華していくには、共感を生みだすチカラが問われる。そして、共感を生みだすには、他者でなく「自らの言葉として物語る」ことが決定的に重要だ。データだけを示されても、他人ごとの話を聞かされても、人は頭では理解しても、心は動かされない。新たなジャーニー（旅）に人を誘うには、感情が動くことの方が、はるかに大切なのだ。

しかし、「物語る」という行為は、主観を排除しデータで事実を示すことが推奨されてきた日本的経営では、長い間、排除されてきた。ビジネスパーソンとして、「君が考えていることでなく、事実を話せ」と私たちは育てられてきたのではないだろうか？　今、求められているプリンシプルは逆だ。「事実だけでなく、君が感じていること、考えていることを話せ。他者の心を震わせる、君にしか話せないことを話せ」というのが、これから求められるプリンシプルだ。「一人称で語る。感情を共有する。共感を資産としてとらえる（大きければ大きいほどよい）」ことが、これからの

経営に求められているのである。

Place「場」（ba）　組織図でない人間の場から構成される組織

⑦「階層型組織」から「有機的な『場』の組織」へ

　ダイナモをはじめ、知識創造に関わる人々は、場で知恵と価値を生みだ
す。まだコンピューターがない時代に効率的な情報処理を組織で行うため
に、私たちは一人の人間ができる作業範囲を規定し、人の能力を職務とし
て規律し、特定の労働力を投入すると仕事ができる仕組みをつくり上げた。
ツリー図で示される組織図は、箱ごとの役割と仕事を規定することにより、
その仕組みの中核をなしている。これは情報を処理するにはきわめて優れ
た装置だったが、知識創造が求められる現在には、不都合な仕組みとなっ
た。

　これまでの大企業は、規模の経済性のために、個の自律性を犠牲にして
きた。一方、スタートアップは規模が小さいが、個の自律性を重んじる。
しかし、こうした構図はすでに古い。求められるのは、規模の経済性と個
の自律性を両立させる経営への転換だ。官僚主義を維持する企業に未来は
なく、社員の自律性・自発性をベースにする組織をどうつくるかが問われ
ている。

　今や世界のどこでもイノベーションが起きるようになっている。イノベ
ーション活動は、たまにではなく、つねに組織的に行われるべきものとな
った。そのためには、信頼に基づく人間同士の繋がり（コネクション）が
欠かせない。そして、そこで求められるのは、集団的労働（同質的マスワ
ーク）ではなく、集団的協業（異種間コラボレーション）である。この変
化は、組織文化や制度にも大きな影響与える。

　なぜなら、コラボレーションとは、社会的プロセスであり、たんに今い
るメンバーが一緒に仕事をすることではないからだ。新型コロナウイルス

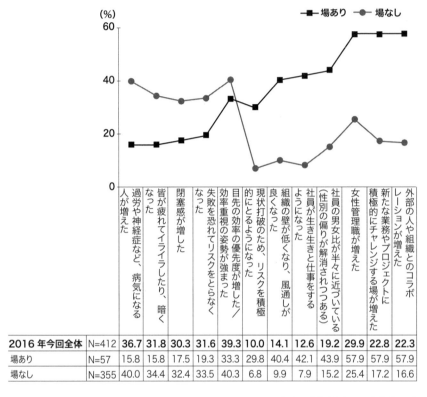

図表 3-3
「場」をつくった組織では共感、安心、創造性が生まれる

(%) ■ 場あり ● 場なし

		過労や神経症など、病気になる人が増えた	皆が疲れてイライラしたり、暗くなった	閉塞感が増した	失敗を恐れてリスクをとらなくなった	効率重視の姿勢が強まった	目先の効率の優先度が増した／現状打破のため、リスクを積極的にとるようになった	組織の壁が低くなり、風通しが良くなった	社員が生き生きと仕事をするようになった	社員の男女比が半々に近づいている（性別の偏りが解消されつつある）	女性管理職が増えた	新たな業務やプロジェクトに積極的にチャレンジする場が増えた	外部の人や組織とのコラボレーションが増えた
2016年今回全体	N=412	36.7	31.8	30.3	31.6	39.3	10.0	14.1	12.6	19.2	29.9	22.8	22.3
場あり	N=57	15.8	15.8	17.5	19.3	33.3	29.8	40.4	42.1	43.9	57.9	57.9	57.9
場なし	N=355	40.0	34.4	32.4	33.5	40.3	6.8	9.9	7.9	15.2	25.4	17.2	16.6

出所：一般社団法人 FCAJ 調査（2016）

※上図は、2016年2月民間企業（従業員数300人以上）の従業員（勤続5年以上の正社員）を対象
にしたオンライン調査（412サンプル、経営者・役員13人、部長相当32人、課長相当58人、係
長相当96人、一般社員213人）（一般社団法人 FCAJ 調査より抜粋）

の影響で、働く場の意味も変わった。リアルでもオンラインでも、その場
にふさわしい空間や技術、知の方法論がなければならない。

　分業に基づくサイロ型の組織では、新たな価値を生みだすことは難しい。
横・ナナメにも繋がり、外ともダイナミックなインタラクションがあり、

絶えず形を変える、有機的な「場」的な組織が求められる。ここでいう「場」とは物理的な場に限らず、試行錯誤や対話をうながす仕組み、仮想的なネットワーク、外部との共創の場所や機会を意味している。そのデザインの鍵は、組織図の書き方にはない。それより、個々に動く自由を与えることだ。境界を越えて人が動き、インタラクションする組織が求められている。

⑧「同質性」から「認知多様性」へ

　知識創造の場づくりの一つの鍵は、多様性にある。しかし、巷で言われる、「違いのあることを認め、平等に」といういわゆる「ダイバーシティ（ジェンダーや人種の多様性）」は多様性の一部に過ぎない。知識創造に求められる本質的な多様性は、その深層にある、異なるものの考え方やアプローチが同居して、同じ課題やテーマに取り組むことにある。これを、ものの見方の多様性という意味で、「認知多様性」と呼ぶ。認知多様性は、組織の持つ力、知識資産としても重要である。その多様性は、組織の共同体としての社会的関係資本（ソーシャルキャピタル）であり、個々の自律性を支える根本にもあるものだ。冒頭で指摘した通り、「おっさん力学」的な同質化が進んだ日本の組織に、いかに認知多様性を取り入れるかは、きわめて大きな課題だ。

COLUMN　**あなたは職場にどんな道具箱を持ち込んでいる？：認知多様性を考える**

　日本企業の「多様性（diversity）」の低さについては、すでに触れた。企業の多様性は、経営者、管理職および構成員の女性比率、国籍、人種などの観点から、通常は語られる。しかし、前述

の通り、新たな経営プリンシプルでは、もう一歩進めて、「認知多様性（cognitive diversity）」という視点で組織を見るべきと考える。「認知多様性」は、知識や学習に関してNASAや世界銀行などのアドバイザーを長年務め、数々の大学でも教鞭を執ってきたローレンス・プルサック氏により提唱された考え方だ。

　プルサック氏の言葉を借りれば、「人は皆、目に見えない『仕事の道具箱（Toolbox）』を職場に持ち込む。道具箱には、仕事のモデルやアプローチ、方法が詰まっており、人は皆、その道具箱を使って仕事をする。工学部を出ていれば工学的な道具箱を、MBAを出ていればMBA的な道具箱を、知らずしらずのうちに職場に持ち込んでいるのだ。そして企業は、必ずと言っていいほど、似たような道具箱を持った人を集め、一緒に働かせる。これが、モノの見方の同質化を起こす」のである。認知多様性が低い組織では、皆が同じ認知バイアスを持つため、「業界や事業の危機が近づいているのに誰も気づかない」とか、「皆が同じ角度からものを言うため、コンセンサスを取りやすいが、議論の質的深みが出ない」といった現象が起こる。当然、イノベーションは起こりにくい。

　では、「ジェンダーや国籍、人種の多様性」が高まると、「認知多様性」も高まるのだろうか？「必ずしもそうとは言えない」というのが私たちの答えである。

　筆者の一人は、世界銀行に勤務した経験がある。世界銀行は、世界中の国々から職員が集まる、きわめて多様な国籍と人種により構成される組織だ。管理職に占める女性の比率もほぼ半数であり、性的マイノリティの職員への配慮も行き届いている。人種、国籍、ジェンダーの観点からは、究極の多様性を実現していると言ってよい。

では、「認知多様性」という視点からは、どうだろうか？　世界銀行はきわめて優秀なプロフェッショナル集団だが、その職員の多くは、経済学を修めたエコノミスト（最低でも修士、多くは博士）である。世界中から集まってはいるものの、途上国に優秀な大学が少ないこともあり、ほとんどの職員は先進国の大学院を卒業している。さらに、その多くは米国であり、特に世界銀行のある東海岸の大学院出身者が多い。先進国の大学院に行ける途上国の若者は、一部の例外を除けば、その国の超エリート層の出身である。もちろん、マクロ経済学、計量経済学から環境経済学、都市経済学など経済学の専門領域の幅は広いし、エコノミスト以外の技術専門家も存在する。しかし、「仕事の道具箱」という点では、「世の問題をマクロ的にとらえ、精緻な分析に基づき、正しい答えを導く」見方とアプローチを取る、「似た道具箱を持つ」点において、案外に同質性が高いのではないかというのが、私たちの見立てだ。

　実際に、組織の認知多様性、すなわち、違う「仕事の道具箱」を持つ社員を集めてチームをつくると、問題解決の質が上がり、イノベーションが促進される可能性がぐっと高まる。
　プルサック氏の実体験によると、自動車会社のサプライチェーンのコンサルティング・プロジェクトに、バッハの音楽構造の研究で博士号を取った若いインド人のメンバーが入った。当初は驚いたが、複雑な音楽を分析してきた彼特有の「仕事の道具箱」は、世界中のサプライヤーを束ね、サプライチェーンを最適化するという複雑性の高い問題の解決に、大いなる強みを発揮したそうだ。
　もちろん、ものの見方が違えば誰でもいいというわけではない。めざすゴール（何を成し遂げたいのか）や価値観（何を大切にするか）を共有した上で、異なる仕事の道具箱を持ち込むのが理想

だ。「価値観は共通（homogeneous values）、道具箱は多様（heterogeneous toolboxes）」は、新たな経営プリンシプルの一つの指針と言えるだろう。

Prudence「賢慮」　実践的智慧とリーダーシップ

---

⑨「意思決定」から「実践的判断」へ

目的、共感、場を繋ぎ、個や組織が実践するための二大プリンシプルとして欠かせないのが、個と組織の「賢さ」、そして「パートナーシップ」だ。これらは共に、アリストテレスの実践的な哲学の概念、つまり賢慮（幸福な人生のための高質な判断力としての智慧）、そして国家や政治の基礎となる共同体（コミュニティやエコシステム）だ。

まず「賢慮」について考えてみよう。「意思決定の大切さ」は、あらゆるリーダーシップの教科書で語られている。日本企業では、「正しい意思決定」や「事実に基づく意思決定」の側面ばかりが重視され、意思決定の前にとにかく事実（証拠）を積み重ねることが進んだ。しかし、意思決定の際にまず求められるのは、それを事実に基づき下すべきか、仮説に基づき下すべきかの判断だ。ちなみに、重要な意思決定のほとんどは、事実に基づいて下すことはできない。なぜなら、前述の通り、未来に関するデータはないからだ。それでも私たちは判断しなければならない。そして、ほとんどの重要な意思決定は、未来に関することだからだ。

もう一つ付け加えると、「意思決定」の前提は、決定する命題（イシュー）が自明であることだ。しかし、経営や事業活動での重要なことは、往々にして追求すべき命題そのものがクリアーでないあいまいで複雑で厄介な問題からはじまる。その際に重要なのは、「意思決定」ではなく、何が大切な大目的なのか、それは誰にどの程度の影響を及ぼすのかといった

ことに思いを馳せる、「実践的判断」と呼ぶべきものだ。

　それをアリストテレスは賢慮（あるいは実践的智慧、実践的推論）と呼んだ。これを筆者は、次の六つの実践（プラクティス）で表している。

（1）善悪を判断する

　アリストテレスは『ニコマコス倫理学』で「あらゆる行為や選択はすべて何らかの善を希求する」と言っている。実践的推論においては、共通善を志向する目的を持つことが大前提となる。

（2）他者とコンテクスト（文脈）を共有して共通感覚を醸成する

　次に実践的推論の過程では、社会や組織の日常的な場や状況に身を置くことが求められる。すなわち人間の最も根底にある、ケア、愛、信頼など、共感すなわち感情の知を駆使して「場」をつくる（コンテクストを共有する）ことである。

（3）現実（個別）の共通項（普遍性）を察知する

　絶対的善というのは現実にはないので、現実を直視しつつ、状況や文脈に応じて善に沿うように実践されなければならない。そこで、ミクロの事象から全体の意味を把握して、どの手段を考慮ないし無視するか、といったことを直観的に見抜く、微細な状況認知が必要である。これは特殊（現実）のなかに普遍（共通項）を見る思考である。

（4）意味やコンテクストを言語化・概念化する

　賢慮は、結果的に組織に行為（原則や目的に基づく行動）をうながすものでなければならない。そのためには行為の意味を示すことであるが、まず、状況の本質をとらえる豊かな意味を持った言語や概念を生みだす必要がある。

（5）概念を共通善に向かってあらゆる手段を巧みに使って実現する

　次に目的に向かって行為を具現化するためには「善い」ことの実現に向かって、あらゆる手段や資源を用いて取り組むことである。そのためには説得術やレトリック、「政治的プロセス」さえも必要である。

（6）賢慮を育成伝承する

　賢慮の結果的な評価は、実践をいかに広め、伝えたかだ。智慧の継承、協力者の育成、波及の仕組み化を図ることなどである。

　その基本はより善い目的のために現実的な判断の下で手段を選び実践することである。これらはたんに真似できる特徴や行動ではない。生き方、実践のなかで、あなたが変革に自ら目覚めるまで行うべきものである。

　　　　　　　　　　　　（参考：『美徳の経営』野中、紺野、NTT 出版）

> Partnership　共創のための「協力」

⑩「自社中心」から「エコシステム主導」へ（モノやサービス提供から、価値の関係性）

　エコシステムとは一種の臨時的な共同体として成立すると言っていいだろう。これは、国家や社会の基本となる関係性だ。スイスのビジネススクール IMD（International Institute for Management Development）のビル・フィッシャー教授は、エコシステムのことを「目に見えないもの」（いわば隠れている現実）とした。エコシステムで生きる術を身につけた組織は、そのエコシステムをうまく維持する行動を取ると示唆している。重要な点は、オープンであって、支配するものではないということだ。そこを間違えると企業の価値が破壊される可能性があるという。

　あなたの会社のビジネスを気にしているのは、あなたの会社だけだ。皆は社会の、地域の、個人の困りごとの解決に関心があるのだ。社会の課題に焦点を当て、場を開き、市場知と自社の知識資産を組み合わせ、関係性をデザインすることが求められる。その際に大切なのは、自社の知の基盤を整備し、外の知と組み合わせられるようにしておくことだ。自前主義、秘密主義、身内主義から抜けだせず自社の知識資産の棚卸しのできていない組織は、エコシステム時代のビジネスづくりのエントリーチケットすら持っていないことになる。

4 プリンシプルから実践への六つの三角形

　知識創造が企業の価値を生む知識社会経済においては、その基本的な力は組織的な分業ではなく、個々人の自律的な知識創造やコミュニケーション、連携能力、絶え間ないイノベーションにある。こういう時代には組織構造と計画を第一とするような経営は硬直化していく。

　それに代わって、組織が環境や未来に対する長期の視点（Perspective）を持ち、ビジョンとして掲げつつ、目的（Purpose）を日々の経営の軸にしながら、パートナーシップ（Partnership）を基に協業し、高質な判断実践（Prudence）を繰り返す。こうした経営を支えるために、目的と個々人の情熱と顧客・パートナーとの共感（Passion）、それらを支え個々人をつなぐ場（Place）の三位一体が求められる。

　注目してほしいのは、論理分析で理解できる市場を対象として、体系的な戦略で行動できた経営環境の時代はもう終わっているということだ。未知で不確実な要素にあふれた経営環境で、実践を機動的に行う個の力が活かせる経営や組織のデザインが不可欠だ。

　重要なのは、この六つのP（プリンシプルの6要素）がそれぞれ結びついて力を生みだすこと（ダイナミクス）だ。ちょうどさまざまな物質が、化学変化（ケミストリー）によってお互いに結びつくことで、新しい物質が生まれるように。以下の六つの三角形は新たなプリンシプル経営の実践に不可欠な構成要素だ。六つのPが組み合わされると、どのような力が生みだされるのか、事例も交えながら見ていこう。

（1）人間力の三角形

　顧客や社会に対して目的（Purpose）を共有しつつ、パッション（Passion）と共創の場（Place）を持って接すること（図表3-4の中央の「人間的要素」からなる三角形）。

目的と感情と場（身体）といった要素は、従来の経済モデルとしての経営学では排除されていた。しかし、これらが人間の組織の原動力ということは言うまでもない。

　この三つのＰの関係は至るところで鍵になる。たとえば、顧客に焦点を当て学ぶことは経営の基本であるが、顧客との場を支えるのは、目的を共創しながら実践する社員（ダイナモ）のパッションである。社会的イノベーションを例に取れば、たんに提示されたSDGs（持続可能な開発目標）の目標群を追っても部分的な問題解決にしかならない。自らの目的と、実際の事業における個々の情熱、そして彼らのための場を支えない限り、綜合的なインパクトは生まれない。筆者らがこれまで海外視察調査などを通じて学んだ例を挙げてみよう。

　産業用酵素製品の研究開発、ソリューションを展開するデンマークのバイオテクノロジー企業、ノボザイムズ（Novozymes）のSDGsへの取り組みは筋金入りだ。約6500人の社員を抱える同社は、2015年に会社の存在理念そのものに持続可能性を据え、「パートナリング・フォー・インパクト（Partnering for Impact）」というスキームで、顧客、企業、小売りから政策決定者とともに、文字通り環境に関する社会課題解決を事業化している。同社のグローバル・サステナビリティの責任者クラウス・スティグ・ピダーセン氏によれば、彼らはSDGsの目標群を分解し、自社の事業に関連付け、その上で彼らの目的（Together we find biological answers for better lives in a growing world.）に基づいて統合するというプロセスを経ている（https://www.communication-director.com/issues/communicating-sustainability-and-sdgs/sdgs-strategy-and-brand/#.YBfo7y33JGM）。これらの活動から、同社の強みである酵素を活かし、水やエネルギーの消費低減や自然由来の原材料を使った人と地球にやさしいビジネスが次々と生まれ、ステークホルダーを巻き込んだ持続可能な成長を支えている。目的とパッション（国連のSDGsが出る前に持続可能性を存在理念にした）、共創の場（多くのステークホルダーとの協業スキーム）が事業や経営のあり

図表 3-4
人間力を引きだしているか？

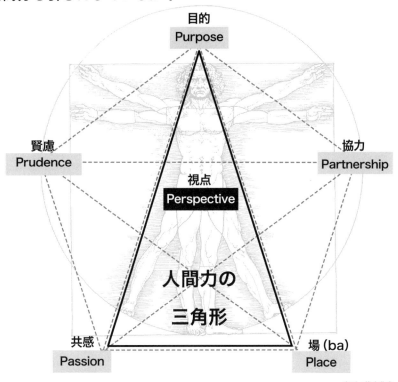

出所：筆者作成

方を変えた好例と言えるだろう。

（2）実践力の三角形

　実践とは、たんに言われたことをすることではない。目的（Purpose）に基づいて、実践的で高質な判断（Prudence）とともに協力者を巻き込み、彼らが主体的に実践する関係性 (Partnership) を醸成することである（図表3-5の上部の三角形）。この三つの要素は実践の鍵であり、いずれが欠けても実践はできない。

　実践することは何よりも重要だが、目的なき実践はありえない。それは

たんなる行為としかいえない。一方、実践が目的に縛られ過ぎてもいけない。目的を共有しつつ、相互に創造的発展的に活動する関係が求められる。それを支えるのがプラットフォームやエコシステムだ。

　デンマークにある LEO Innovation Lab（レオ・イノベーションラボ）は、100年以上の歴史を持つ皮膚科領域の製薬会社の「非営利イノベーションセンター」である。ラボの運営は同社から完全に独立し、デジタル・ヘルスケアによる皮膚疾患を持つ人の生活の質の向上を目的としている（https://leoinnovationlab.com）。その目的を達成する上で、彼らの知識を実践に結びつけるパートナーシップは鍵だ。ラボには皮膚科医だけでなく、プログラマー、データ科学者、AI（人工知能）研究者、UX デザイナー、文化人類学者、法律家など多様な専門家がおり、市民（患者）に寄り添うアプローチが取られている。外部に対しては多様な専門家やベンチャーのパートナーシップを広げている。初期段階から患者とやり取りしながら、患者の経験のマッピングからサービスのプロトタイプ化までを100日で行うことを駆動目標として、プロジェクトを進行させている。これまでに、ユーザーの行動、習慣を追跡し、薬の最適な利用を伝えるなど最適な行動をうながすアプリの会社をはじめ、複数の優良ベンチャーをすでに輩出している。同 Lab は、多様な専門家やベンチャーというパートナーの実践を通じて、揺るぎない目的（「皮膚疾患者の生活の質の向上」）に向かう好例と言える。

（3）自律的な個の三角形

　目的（Purpose）に応じた自己判断の智慧（Prudence）と共感（Passion）を結んだ図表3-6の左側の三角形。ダイナモに自律的な力を与えるのはこの三要素だ。

　「自律的な個の組織」は、半ばバズワード化しているが、それは決して会社が社員の自律性を高めようと教育するとか、目標管理型で社員を動機づけるというようなこと（会社目線）ではない。個が組織に参加したいか

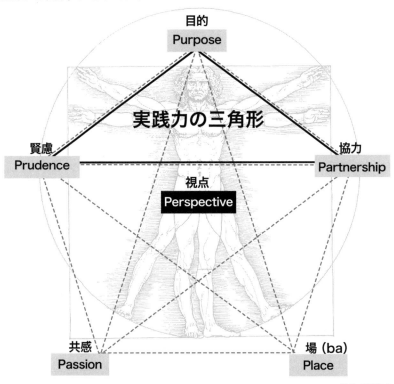

らする、目的に共感するからプロジェクトを行う、といった自己選択を基本とすることだ。自己選択性の高い組織になることは、人間の知識と感性こそが価値の源泉だということを前提にすえることでもある。 また、組織の枠を離れてネットワークする社員の個の力は、企業の力を超えることもある。

　NELIS（Next Leaders' Initiative for Sustainability、https://nelisglobal.org/）という、持続可能性のための次世代リーダーのネットワークをご存じだろうか。日本在住のデンマーク人、ピーター・D. ピーダーセン氏が

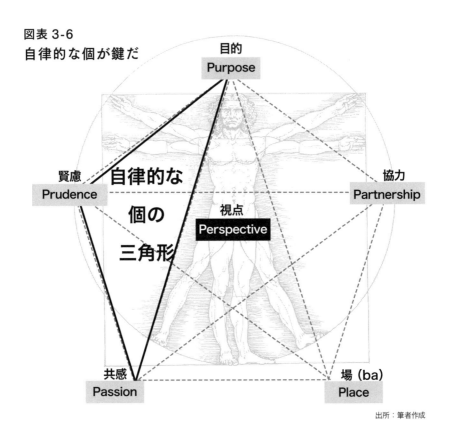

図表 3-6
自律的な個が鍵だ

目的
Purpose

賢慮
Prudence

自律的な
個の
三角形

視点
Perspective

協力
Partnership

共感
Passion

場 (ba)
Place

出所：筆者作成

　共同代表を務める NELIS は、持続可能性に思いとアイデアを持つ若者が次々と有機的に繋がり、活動が生まれ、発展し続けるネットワークだ。七つの拠点を持ち、世界75カ国から1300人を超える若者（社会起業家）が自己増殖的に繋がり、各地で持続可能性に向けたプロジェクトを展開している。このネットワークが機能するのは、絶対的な目的（「持続可能な社会と環境のためには、あらゆるセクターに次世代リーダーをつくることが不可欠」）が共有されていることと、本当に情熱とアイデアのある者だけが集まる点にある。目的を共有する自律的な個のネットワークができると、革新的な活動が加速度的に起きうることを NELIS の事例は示している。

（4）開かれた場の三角形

　組織構造や組織図ではなく、目的（Purpose）と場（Place）を結ぶプラットフォーム（Partnership）は不可欠な経営の要素だ（図表3-7の右側の三角形）。これに伴うオープンな組織文化は官僚主義組織の対極にある。

　官僚主義的な組織であってはならない。そこでダイナモが動きやすいシステムの生成が鍵となる。イノベーションセンター、フューチャーセンターあるいはリビングラボなどのような、実際にイノベーションを行うための物理的仮想的な空間が用意されていなければならない。これは組織図の「箱」よりも、はるかに重要である。ただし、物理的空間としての「場所」があれば、「場」が成立するわけではない。オープンイノベーションも、話題になっているがうまくいっていないケースが多いのは、一因はそこにある。明確な目的が存在し、知の新結合を促進する装置やプロセスも含めた場があり、知を共創できる環境の下にステークホルダーが集う。これら三つの要素が連動しないと成果は生まれない。

　富士フイルムの「Open Innovation Hub」（https://www.fujifilm.co.jp/rd/oih/）は、開かれた場の好例だ。六本木ミッドタウンの本社ビルの2階にあり、ショールームと違い、企業や研究機関向けのアポイント制の場だ。富士フイルムの製品ではなく技術がプラットフォームとして展示されており、訪れる企業に開示することから対話が生まれ、それが共同研究や協業に向けた共創へと発展していく。目的は、外とのコラボレーションを通じて同社が培ったコア技術から新たな価値を生みだすことにある。スペース的には、出会う（イントロダクションエリア）、想う（イマジネーションエリア）、触れる（タッチゾーン）、ひらめく（アイデーションゾーン）、共に創る（コンセプトクリエーションエリア）となっており、訪問者に分かりやすいようコア技術が十数種類に分けられ展示されている。さらに、訪問者の関心事に基づき、どの技術をどのように見せるかまでを事前に練って、訪問者を迎えることで、共創の可能性を高めている。オープ

図表 3-7
開かれた場はあるか？

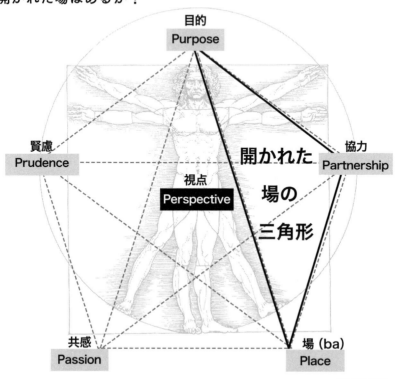

目的
Purpose

賢慮
Prudence

協力
Partnership

視点
Perspective

開かれた
場の
三角形

共感
Passion

場 (ba)
Place

出所：筆者作成

ンイノベーションの空間づくりが盛んだが、大切なのは「場所」ではなく「場」であり、前提となる目的とパートナーシップとともに三位一体となることで、はじめて場が機能することを、富士フイルムの Open Innovation Hub は示している。

（5）共創チームの三角形

　共創のための場（Place）とチームのやる気（Passion）、それらを共有するパートナー（Partnership）との三角形（図表3-8の右下の三角形）。イノベーションは、ほとんどの場合、プロジェクトチームによって実践され、

実現される。目的に基づくイノベーションを具現化するのは、こうした関係性に基づく実践のチームだ。彼らは共に旅をするパートナーだ。多くの場合、会社から選抜されたチームより、自律的・自発的に集まったチームの方がうまくいく。

　そこではチームのさまざまな試行錯誤ができる安全な場所と、それを支える知識の共有、共創が不可欠となる。

　デザインとイノベーションの関係を研究、実践し続ける国立のデザイン機関、デンマーク・デザイン・センター（Danish Design Center：DDC）による「イノファウンダー（Innofounder）」というプログラムは、上手に共創チームの三角形をつくっている。このプログラムは、スタートアップ・アイデアを持つ新卒学生に対し、12カ月の援助（資金、コワーキング・スペース、メンバー、コーチングやマッチング）を行うものだ。その拠点（場）はコペンハーゲンのBLOXと呼ばれる複合施設にある同センターだ。これまでに共創チームの構築を通じて、年金基金への持続可能な投資を専門とするフィンテックや、スーパーに並べられない見栄えの悪い（栄養価や味は変わらない）食材の販売など、有望なスタートアップを輩出し、巣立たせている。

（6）組織文化の三角形

　組織文化はつかみどころがないと言われる。しかし、蓄積された経験と情動が文化をつくることに立ち返ると、組織の共感（Passion）と実践的智慧（Prudence）、それを繋げる場（Place）の三角形（図表3-9 左下の三角形）は、組織文化を生みだす基盤であることが見えてくる。

　共同体が共有する共通感覚、智慧、場所（風土）がダイナモには大切なのだ。官僚化が進んだ日本企業には、SAP社の取り組みが参考になるかもしれない。SAPはドイツに本社を置き、エンタープライズソフトウェアに強みを持つ欧州最大のビジネス向けソフトウェア企業である。2009年、従業員が5万人規模に成長した同社は停滞の壁にぶつかったという。そこで、

図表 3-8
ダイナモは共創チームで動く

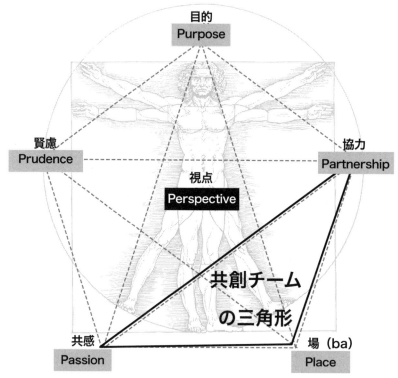

出所：筆者作成

1. 主要事業領域は、破壊的技術によりつぶれていく（イノベーションの
ジレンマ）、2. 伝統的な研究開発部門ではそれに対応できない、という前
提に基づき、「果敢に挑戦し、失敗を受け入れる組織文化」の構築をめざ
した。具体的には、ドイツをはじめ主要拠点にイノベーション・センタ
ー・ネットワークを設置し、現地の有力大学と提携するとともに、SAP
イントラプレナーシップ（社内起業家）・プログラムにより、社員のアイ
デアを孵化させるエコシステムを構築した。既存事業を揺るがす技術や新
たなアイデアを、自社の内側から生みだせるようにする。その主役をアイ

図表 3-9
ダイナモの組織文化を生みだせ

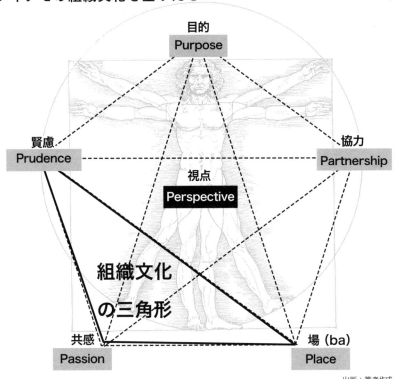

目的
Purpose

賢慮
Prudence

協力
Partnership

視点
Perspective

組織文化
の三角形

共感
Passion

場（ba）
Place

出所：筆者作成

デアのある社員（ダイナモ）に担わせることにより、全社のマインドセットと働き方の変容につなげていった。

5 新たなプリンシプルと人間の哲学

　さてここまで、21世紀を生きる私たちが、一人の人間の生き方としてもまた組織を構成する個としても、拠り所とすべき新たなプリンシプルを示してきた。過去のノスタルジーに引きずられて、役割を終えた原則に固

執しその延命に汲々としている猶予はない。なぜなら、広角レンズ（ビッグピクチャー）で見てみれば、もうすでに私たちや企業を取り巻く世界は大きく方向転換しつつあるからである。

　以下では、10の新たなプリンシプルの背景となる、（1）世界の経営の大潮流、（2）根底（原則のヘソ）にある哲学、そして（3）そもそものルーツにある知識創造理論について述べておこう。少々抽象的で理念的な話なので読み飛ばしてもいいけれども、ダイナモ人として新たなプリンシプルを腹落ちした上で始動するために、ぜひ頭に入れてほしいと思う。

（1）大潮流：あらためて「経営の人間化」とは何か

人間性（human capability）の要請

　2018年11月、オーストリアで第10回「グローバル・ドラッカーフォーラム」が開催された。ウィーンのピーター・F.ドラッカー協会が毎年開催し、2018年は設立10周年の記念的なイベントであった（ピーター・F.ドラッカーはアメリカ人でなくウィーン生まれのオーストリア人）。経営学の世界的なスピーカーが約100人登壇し、1000人近い参加者が世界から集まった。筆者も登壇し、日本企業の参加にも関わった。その会の全体テーマは「経営における人間の次元（Management . the human dimension）」であった。

　21世紀の社会においても企業が果たすべき役割は大きい、そのことを再認識した上で、デジタル時代、AI時代のなかでいよいよ露わとなっている社員を犠牲にした経営への批判や、官僚主義やリーダー教育の限界、科学的論理分析への偏重への反省などが議論の俎上にのせられた。そして、いずれの問題にも共通しているのが、人間を機械のように管理しようという合理主義あるいは管理できるという幻想が招いた帰結であるという認識だ。この閉塞を打破するには、「人間とは何か」ということを経営の基本において考えざる得ないというのがフォーラムでの合意となった。世界中

2021年に開催予定の第13回グローバル・ドラッカーフォーラム
提供：Peter Drucker Society（Vienna）

の経営学の権威が集まって、なんと青臭い議論をしているのかと思われる
かもしれないが、これこそが現代の経営における最先端の課題なのである
（https://xtrend.nikkei.com/atcl/contents/watch/ 00013/00194/）。

　それから3年後の2021年11月、第13回「グローバル・ドラッカーフォ
ーラム」のテーマは、「人間性の要請（The Human Imperative）」である。

　今、世界の経営、企業が挑戦しているのが、「経営の人間化」だ。「人間
化」（Humanizing）とは、単純なヒューマニズム、人間主義を言っている
のではない。今の知識経済の時代では、知識を生みだす個々人の力を起点

とした経営への転換が必須だということである。経営の土台に人間の価値、能力、知識を置くということである。繰り返しになるが、それは「機械としての経営」からの人間化への転換だ。あるいは「全員アントレプレナー社会」の時代と言っていいだろう。利益や生産性、効率性、競争、官僚制などが20世紀的な企業の土台だとすれば、究極の未来、社会にとって最善をめざすこと、世界の難題にチャレンジすることに価値を見いだすこと、つまり使命感を自覚すること、などがこれからの企業の土台となるのである。あなたの会社では何が土台にあるだろうか。

ところで、実は現在もそうなのだが、ビジネススクールでは企業の戦略論と組織論は別々のカリキュラムで教えられている。イノベーションと人事なども同様だ。起業家精神を扱いつつ、一方は働き方や生き方を扱う。矛盾しているわけではないのだが、「別物」感がつきまとう。つまり戦略やシステムや構造的なものと、組織や組織文化といったものは、いったん分けられて、それぞれに考えられ（つまり分業されて）、そして共通の戦略やビジョンの基で統合される、という構成だ。これはいわゆる「デカルト的」な分類、分析、総合の思考（ロジカルシンキング）に基づいている。
このようなカリキュラム構成の背後にあるのが、企業を「機械」のようにしてとらえ、それぞれのパーツがうまく動くように調整していくという20世紀的経営の基本原則だったことは言うまでもない。

工業化社会の経営ではホワイトカラーが情報処理のために集められ、組織図に沿って配置されて分業を行い、業務をこなしていた。個々人が情報処理のための専門家として集められ、全体がマシンとして機能していた。そこではイノベーションのような非連続的な活動は歓迎されなかった。しかし時代が移り、そうした情報処理のための人材や能力は次々とコンピューターによって置き換えられていった。今こうした定型的な情報処理業務はほとんどがAIの扱う領域になりつつある。人間は、情報処理ではな

く知識創造や顧客との価値共創を重要な仕事として担っているのである。

機械論的世界観から目的論的世界観へ

　今、求められるプリンシプルのメタファーは機械ではなく、人間や自然だ。そこでは、前述の人間中心の経営の６Ｐの一つである「目的」のような、人間の主観に根ざす要素がきわめて重要になる。しかし、第1章と2章で見てきたように、人間の主観といったあいまいで当てにならないものは、非科学的要素として経営システムから排除されてきた。

　そのような硬直化したシステムに、人間の主観性を入れ込むにはどのように考えればいいだろうか。この問いに、古代ギリシャの哲学者アリストテレスが一つのヒントとなるようなアイデアを残しているので、ここではそれを紹介しておこう。アリストテレスは、世界の運動を四つの原因からなるモデルで考えた。その四つとはまず、（1）運動そのものをかたちづくる素材や材料（質料因）。次に（2）運動の姿を定めるデザイン（形相因）。そして（3）運動に必要な外的なエネルギー（作用因）。最後に（4）そもそもその運動は何のためか、存在理由は何かなどめざすべきもの（目的因）である。これらがすべて要因として働くことで、世界の運動が起こりポテンシャルが具体的現実となっていく。

　このアリストテレスの運動論に従えば、たとえばどんぐりの成長（運動）は次のように説明することができる。どんぐりは、土や養分（質料因）を得て、太陽のエネルギー（作用因）によって、広葉樹としての樫の木（形相因）になる。ここでは、「いつかは樫の木になろう」というのが、どんぐりの秘めた目的因ということになる。

　このどんぐりのメタファーに沿って、本書で企業革新の牽引役として提起したダイナモ人の運動を考えてみよう。まず、ダイナモの、あるいは企業と共有した目的（目的因）が、知識資産（質料因）を活用することで、未来の組織ビジョンやビジネスモデル（形相因）に向けて実現する、と考えることができる。　こうした要因を関連づけ駆動する運動全体への作用

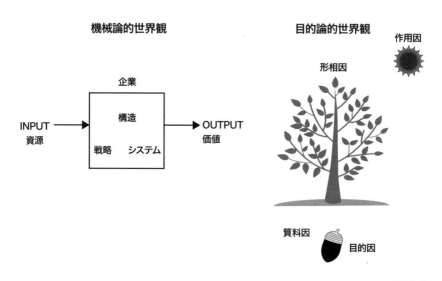

図表 3-11
異なる世界観の原則で運動する企業

機械論的世界観

目的論的世界観

作用因

形相因

企業

構造

INPUT
資源

戦略　システム

OUTPUT
価値

質料因

目的因

筆者作成

因がチェンジマネジメントなど変革の実践だ。企業のプリンシプルが周囲
や時代の変化に対応できず、過去のまま（機械論的世界観）であれば、ダ
イナモにエネルギーを与えることができず、こうした運動が起こることは
ない。経営システムの革新も表層的であれば効果はない。つまり死に至る。
　企業革新をこうした目的に根ざす運動論としてとらえると、機械のよう
に各部分が機能を担って、資源をインプットしさえすれば何らかのアウト
プットが生まれるとする目的なき機械論的世界観では、企業の価値創出の
運動はいずれ停止してしまうと言えるだろう。

創造的進化をめざして

　経営の人間化の背後で起きている世界の大潮流には、こうした機械論的
世界観から目的論的世界観への移行と共鳴して、生命論的世界観への大き

な流れがあることも指摘しておきたい。

　　21世紀のいま私たちが志向するのは、経済発展をリニアに志向する経済理論や構造やノウハウを基礎とする組織論より、むしろ「創造的進化」といった、生命論的な躍動をもったプリンシプルなのではないか。組織的にこうしたダイナミクスを持たない企業は存在できなくなる。(『イノベーション全書』紺野登、東洋経済新報社)

　創造的進化とは、20世紀前半に一世を風靡したフランスの哲学者アンリ・ベルクソンが打ちだした概念だ。ベルクソンは「エラン・ヴィタル」つまり生物が内的衝動によって進化する生命の躍進力を主張して20世紀初頭の哲学界を沸かせたが、その後戦争や工業化の進展などによって、影が薄くなっていた。

　ベルクソンは1922年4月6日の物理学者アインシュタインとの時間論争が有名である。ベルクソンは時間は物事に対する「人間的」な持続であり、それは主観的で「活力のある」時間と考えていた。つまり時間は人によって違った瞬間に異なって経験され、人間は時計の呪縛から逃がれるときに時間を経験する。したがって正確には時間の長さを測ることができない、と。

　他方、アインシュタインは一般相対性理論が世に出ており、空間と時間が互いに影響を及ぼし、光の速度が観察者にとっての時間の観察の条件を変えるという科学的合理的理論を展開した。アインシュタインはベルクソンの考え方は迷信のようで「哲学者には時間がない」と結論づけ、ベルクソンは敗退したように受け取られた。ベルクソンはアインシュタインの理論は批判せず、それはあくまで時計の刻む時間の問題だと指摘していた。異なる時間観念が対立した(客観的時間と主観的時間)。しかしその主観的な時間の哲学は再び重要になっている。

　ただし「進化」といっても、ベルクソンはダーウィン的な自然淘汰、環

境適応・変異的な進化には否定的だった。創造的進化はもっと豊かな、生命の内面からの力だ。

　創造的進化は、21世紀のイノベーションをうながす力のあり方をたいへんうまく説明している。創造的進化の力とは躍動感、生命のリズムのような動きだ。生物的な組織同様、企業のような人が働く社会的組織では内的な推進力が創出されてこそ飛躍でき、環境の変化によっても折れて枯れて死んでしまうことなく、その変化に乗っていくことができる。

　ベルクソンは次のように言っている。

　「計画とは仕事にあてがわれた目標である。それは未来を形に描きながら未来を閉じる。これに反し、生命進化の前方には未来の扉が開けっぱなしになっている。それは運動しはじめたときの力で果てしなくつづけられる創造なのである。この運動が、有機的世界の統一を作る。それは実り多い無限に豊かな統一であり、どんな知性の夢みうるものにもまさっている。知性はこの運動のひとつの相面ないしひとつの産物に過ぎないからである。」（『創造的進化』真方敬道訳、岩波文庫　p.135）

　開かれた未来のために生命力をもったダイナモ組織への転換が必要なのである。果たしてあなたの組織は十分な力を持つダイナモを有しているだろうか？　あなたの会社は、現在の業界や市場のなかで、「それなりに」生きていくクルーザーなのだろうか、あるいは変革やイノベーションを目指すダイナモだろうか。そして何よりあなた自身は自律して生きることのできるダイナモだろうか？

「機動的な大企業」はすでに現れている

　経営の人間化への取り組みは、すでに世界中の企業で果敢に行われている。それは組織の生命をかけた挑戦でもある。

　「機動的な大企業」というと、一瞬、「白いカラス」や「賢明な愚者」の

ようなオクシモロン（矛盾語法）のようにも聞こえる。絶滅間際の恐竜にもたとえられる大企業ではイノベーションは起こせない、というのが通説のように流布しているからだ。しかし、2010年代以降、状況は大きく変わってきている。実は大企業の経済に占める割合は増えている。そして大企業がイノベーションを起こす時代が現実に到来している。

大企業ではイノベーションは起きないんですね？と言うと、いや、そんなことはないというのが最近の傾向である。従来、このような官僚主義的な、あるいは規模の大きな組織と、スタートアップのような小さな組織の経営は異質なものとされてきた。

しかしその両立が課題だ。そこではスタートアップのダイナミクスと、規模のインパクトの両立をめざすことが鍵となる。言うまでもなく、グーグルの親会社アルファベットのような企業はスタートアップから出発しながらも規模の経済性とのバランスを考えざるをえなくなっている。

大企業でも官僚制をなげうって、規模のインパクトを享受しようという自己変革型の企業も増えてもいる。一気にスケール化できるか、その機動的展開力が求められているのだ。逆に、スタートアップ企業がユニコーン企業化しても、官僚的組織になってしまえば一気に動脈硬化が訪れる。

これまでの常識では、組織の規模とそこで働く社員の自律性は相反するものだった。したがって自律性の高い組織と言えばスタートアップやベンチャー組織を意味した。しかしこの常識はもはや崩れつつある。最近話題になったユニークな例はネットフリックスなどの企業だ。同社共同創業者リード・ヘイスティングス著『NO RULES』（日本経済新聞出版）によれば、彼らの採用の考え方はこうだ。彼らもほかの会社と同じように優秀な人材の採用に努める。ただし、ほかの会社と違って、並みの成果の社員には退職金を払って退職してもらう。つまり、より優秀な社員のための場所を空けてもらうという考え方だ。それでも入社希望者が絶えないと言う。同社（2019年社員数約8600人）の人材採用の基本は自律的な大人の社員

図表 3-12
現代は機動的な大企業の時代

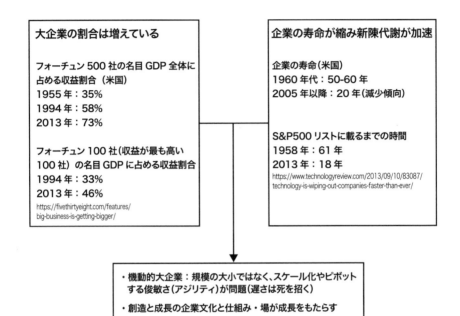

大企業の割合は増えている

フォーチュン 500 社の名目 GDP 全体に
占める収益割合（米国）
1955 年：35%
1994 年：58%
2013 年：73%

フォーチュン 100 社（収益が最も高い
100 社）の名目 GDP に占める収益割合
1994 年：33%
2013 年：46%
https://fivethirtyeight.com/features/
big-business-is-getting-bigger/

企業の寿命が縮み新陳代謝が加速

企業の寿命（米国）
1960 年代：50-60 年
2005 年以降：20 年（減少傾向）

S&P500 リストに載るまでの時間
1958 年：61 年
2013 年：18 年
https://www.technologyreview.com/2013/09/10/83087/
technology-is-wiping-out-companies-faster-than-ever/

・機動的大企業：規模の大小ではなく、スケール化やピボット
する俊敏さ（アジリティ）が問題（遅さは死を招く）
・創造と成長の企業文化と仕組み・場が成長をもたらす

筆者作成

である。本来個々人が常識を持ち正しい判断を行う社員であれば、社内規則など不要だ。人事部が社内規則を定めるのは、規則を守らない社員が存在するからだ。このようなことに時間を使っている暇はない。同社は休暇に関してもまったく規則も追跡もないという。同社は極端な例かもしれないが、自律的な組織への転換は多くの大企業にとっての第一課題だといえる。

　大企業が自律的になろうという努力も目立つようになってきた。マイクロソフトは従来の「ウィンドウズ文化」から開かれた「オープンソース文化」への転換を不可欠だと考えているようだ。2016年にはビジネスSNSのリンクトイン（1000万ユーザー）を262億ドルで買収し、続いて2018

年にはオープンソース開発プラットフォーム GitHub（2800万人の開発者ユーザーコミュニティ）を75億ドルで買収している。自社の組織文化をオープンなリンクによって再構成しようとしているのである。

　これらの企業では、個人が自律的でいられるために、大きな目的を共有しているということが条件だ。停滞していたマイクロソフトが新しいCEO、サティア・ナデラのもとであらためて目的に目覚めたことが復活のきっかけだということはよく知られている。「羨望の気持ちや闘争心ではなく、目的意識や仕事への誇りを抱いて会社を率いていくのが、私のアプローチだ」とナデラは言う（『ヒット・リフレッシュ』、日経BP）。たとえば以前話題になった「ティール組織」（指示系統がなく、上司がマネジメントをしなくても、目的のもとで一人ひとりが自分たちで意思決定し、進化を続ける組織）のようなコンセプトは、まさにそのような目的に基づく自律的組織の一例だ。

　シリコンバレーや欧米の組織だけに限らない。たとえば日本でもサイボウズのような企業は自律的なチーム組織で成長してきたが、すでに700人以上の規模の組織となっている。

　中国でも先進的な事例が見られるようになっている。前述の中国白物家電メーカー、ハイアールはミドル層を排して、彼らをアントレプレナーとして最前線で顧客に向かう組織へと再編した。CEOの張瑞敏（チャン・ルエミン）は「組織にとっての最大のリスクは、製品（モノ）に集中すること。モノよりも顧客経験（カスタマー・ジャーニー）を提供し、その価値を高めるためのエコシステムを構想しなければ、世界から取り残される」と語っている。そしてかつては「従業員（ミドル）は上司の言うことを聞いて活動していたが、今は顧客の声に耳を傾けて自律的に動く」という（2018年ドラッカー・フォーラム講演より）。実はこのハイアールの組織改革は京セラのアメーバ経営などの日本企業の徹底的な分析に基づいているが、彼らはさらにその先を行こうとしていると考えられる。どうも、日本企業は世界標準を追うあまり自らの強みを失ってきたような状況にあ

るように思われる。

　こういった自律性を求める企業は地域を選ばず増えている。つまり規模の大小を問題とすることより、どんな規模でも硬直化しない機動性が問われている。そこでは背後の発想、原則の更新や革新が求められる。これは経営者の仕事だが、同時に草の根的な組織の変化が不可欠だ。

　このような自律的組織を根本で成り立たせるには、会社も個人も利己主義的であってはならない。自律性が高いということはわがままなのでなく、公共心をもって、「会社人」である前に一人の「社会人（人間）」でなければならないからだ。そして、上司の指示待ちや忖度で動くのではなく、現状の変化に対して右往左往することなく、まさに実存的に生きる姿勢がなければならない。

（2）新たなプリンシプルの根底にある哲学

「利他主義」で再生する21世紀の経済

　機能不全を起こしたシステムを成り立たせている従来の習慣的原則を見直して、新たなプリンシプルに転換するには、哲学の見直しが必要となる。

　これまで経営や経営学は経済学や数学、心理学などを基礎に構築されてきたが、いよいよ哲学（現象学などを含む）がその基礎づけとして置かれるようになってきた。

　その意味で、経営者が、どのような哲学を持っているのか、そうしたことが今問われている時代だと思います。人間が持っている生き生きとした直感や共感、そうした感性が今、どんどん劣化しているように見えます。だからこそ、リベラルアーツを学んだり、経験を体に蓄えることによって、直感や共感、感性を磨いていかなければいけないのです。
　（野中郁次郎「経営者がどのような哲学を持っているのかが問われている」https://toyokeizai.net/sp/thinkers/ed/nonaka04.html）

あらためて、本書で提起する経営の人間化への新たなプリンシプルのヘソとしてもっとも重要なものが、すでに挙げた「利他主義」と「実存主義」という二つの大きな哲学だ。これらは20世紀の経営の底辺にあった①「利己」つまり自社利益中心主義や競争戦略と、②「決定論」つまり論理分析的思考（分析的な戦略計画）からの根本的な考え方の転換を迫るものだ。

　利他主義は言うまでもなく、自己の利益よりも他者の利益を先に置く考え方だ。そんなことを優先したら企業は儲からなくなるではないか、とこれまでの経営の常識は言う。たしかに共感や利他主義や共通善などを掲げるだけでは足りないように思える。しかし、経済学者の岩井克人氏は第二回「トポス会議」の基調講演で「共通善や道徳的な力だけではグローバルに普遍化した資本主義を再生する力としては乏しい」とした上で、たとえば資本主義における契約関係を医者と患者の間に存在する「信任関係」に置き換え、そこに倫理的な行動をもたらすことができると述べている（『賢者たちのダイアローグ』野中郁次郎、紺野登、千倉書房）。つまり信頼や互恵性などの利他主義的な基盤が経済（そして経営）の再生に求められることを示唆しているように思う。

　また、従来、日本企業は、モノの市場機会に目を向け、製品の機能価値やさらにそこに意味価値を付加するような考え方で需要を創出し満足させてきた。しかし、今、世界が直面している問題を正面からとらえ、挑戦することが価値創造の基本だ。だとすれば、より大きな、人間の生活や社会にとって何が価値として提供できるかを考える必要があるだろう。

　こういった考えを持つ企業は徐々にだがメインストリーム化している。

　2020年8月9日の日本経済新聞「人・自然重視の資本主義に」には、フランスが新法を制定し、利益以外の目標を達成する責任を負う「使命を果たす会社」を新たな会社形態として含めたことが紹介されている。

　上場企業での第1号が仏・多国籍食品会社のダノンである（https://

www.nikkei.com/article/DGKKZO62475990Y0A800C2EA1000/）。ダノン
が新たに承認したのはフランスの法律 PACTE 法（2019年）であり、
Enterprise Mission モデルを採用することだ。そして従来の短期的な利益
最大化に焦点を当てるだけでなく、労働者、コミュニティ、環境、そして
顧客ステークホルダーを含めることを決定した。これは良い会社の世界標
準「B Corporation（B Corp）」認証への動きでもある（日本ではあまり知
られていない）、「資本主義を再生」する試みの一つである。ダノンは定款
に ESG（環境・社会・企業統治）に関連する新たな四つの目標を盛り込
んだ。（1）製品を介した健康の改善、（2）地球資源の保護、（3）将来
を社員と形成すること、（4）包摂的な成長——だ。取締役のメンバーは
これらの目標に対して責任を負う。これは ESG などへの関心を、ROE と
混同せずに、独立してとらえる原則だ（社会投資を謳っていても結局カネ、
というだけではなくなるのだ）。

　ところで、この日経の記事では「目標」となっているが「目的」（purpose）
ではないか。ファベール会長兼 CEO はあるインタビューで「COVID-19 パ
ンデミックは、企業の目的主導の使命の重要性を認識させるものとなっ
た」と述べている（https://bthechange.com/danone-sees-long-term-value-
of-becoming-a-global-benefit-corporation-81362ff9cde6）。

　利他主義の企業行動とは、これまでの企業や人々が避けてやらなかった
ような挑戦を引き受けることにほかならない。日本は依然高い技術能力を
持っているとされるが、その能力や知識を既存の市場やその製品、その
（機能的・意味的）価値を通じてしか提供できていない。社会的な生態
系・エコシステムやビジネスモデルを通じて技術と社会を人間的価値に基
づいて結びつけ提供することが求められているのだ。

　利己主義から利他主義への哲学の転換は、とりもなおさず何百年も続い
てきた資本主義の見直しを求めることにほかならない。マックス・ウェー
バーが指摘したように、「資本主義とプロテスタントの倫理」に始まった

資本主義は、もともとは必ずしもすべてが利益至上主義ではなかった。また、アダム・スミスも『国富論』を著す前に『道徳感情論』でシンパシー（共感）が人間にとって重要なものであると説いている。今、行き過ぎた市場原理主義の揺り戻しとして、このような考え方が見直されているわけだ。

SDGs や ESG 投資、社会的責任投資や社会イノベーションなどが関心を集めることからも明らかなように、それは個々人のあるいは企業の利益至上主義ではなく、利他的な観点に立った新たな価値や新産業を創造することにほかならない。ただし、それは利益を軽視した奉仕などではない。逆に社会的視点こそより適正な利益を生むという哲学である。ESG 投資についても、その背景には社会的投資が適正なリターンを生み出す水準にまで進化してきていることがある。

2020年5月5日、一般社団法人 Future Center Alliance Japan は新型コロナウィルスの広がる最中に一橋大学名誉教授の野中郁次郎氏、日本工学アカデミーの小泉英明氏とともに緊急提言を行なっている。 それは単なるビジョンの提唱ではなく、このような時期であるからこそ、根本のプリンシプルが変わらなければならないというメッセージであり、そうでなければ目先の対応に右往左往することになることへの警鐘である。

After or Together COVID-19 には 「利他」 と 「共感」 のスピリットを

（以下抜粋）
　COVID-19の影響は医療・医学を越え、政治・経済だけでなく
人々の思想や生き方自身を大きく変えることになると考えられる。
「自己中心主義」 から 「利他」 と 「共感」 へと思考を転換する必

要があり、組織のリーダーに求められるのは「何のために事業を行うか？」という目的と併せ「倫理的に恥じない事なのか？」を問いかける力である。今後ますます業種の境界、官・民を超えた対話の場（プルーラルセクター）が求められ、そこでの構想力が問われる時代になり、それに対する投資を怠らない事が新たな未来につながる。

　ニューノーマルと言われるようにCOVID-19の影響は大きく社会を変え、もう元には戻らない。このような社会では、変化し混沌とする状況のなかでも、目指すべき共通善と目の前の現実の相互作用のなかで、素早く決断を下して未来を創り出す賢慮のリーダーシップがますます重要となる。賢慮のリーダーシップの基盤は、「いま・ここ」で、ヒト、モノ、環境すべてに直接向き合う共感だ。

　現場における共感をもとに、知の格闘によって突破口を見いだし、組織的かつ自律分散的に実行する。また、「共通善」を軸に利害を超え、草の根も含めた世界の知のネットワークを結集する。われわれの先人には渋沢栄一のほか、利他と利己を動的に綜合することを唱え、実践した多くの先人がいる。「三方よし」に代表される日本的経営の原点を、スクラムを組んで再構築し、世界に発信すべきときであろう。(野中郁次郎)

　昨今、世界に「自己中心主義」が蔓延していたが、パンデミックは人類に謙虚さや感謝、そして国家・民族を超えた連携の貴さを取り戻す契機となり得る。忘れられた「利他主義」（Altruism）は輝きを増し、共生（ともいき）の中で他者を思いやる「温かな心」は、自己の幸せそのものに繋がることを自覚する。(小泉英明)
（2020年5月5日　共同通信より、https://www.kyodo.co.jp/pr/2020-05-05_2721171/）

こうした利他主義は、今後の企業の経営のプリンシプルの大きな軸になることは言うまでもないが、実はその原点には環境革命という大きな人類的な移行期が背景にある。

実存主義：未来を生みだす自律的な個の哲学

　すでに繰り返しているように、20世紀の経営の原理は「機械（マシン）」のメタファーで表すことができる。チャップリンの名作映画『モダン・タイムズ』に象徴されるように、人間から何からすべて「リソース」（資源）や部品としてあつかって、システムにインプットし、そこから高いアウトプットを生みだそうとする、客観的で合理主義的なプリンシプルだ。

　これまでの競争戦略や戦略計画などの経営のプリンシプルは、基本的に人間を個別でなく、抽象的な存在としてとらえる、いわゆる本質主義（essentialism）であった。

　本質主義というのは、物事には何か変わらない普遍の本質が存在するといった考え方（決定論）で、その本質を知るためには深い分析、論理的な思考が求められる。これが見えない思考法として存在するのだ。たとえば、業界や市場の分析を行って、明確に戦略を形成するとか、先人の掲げた大理論（戦略論）を自社の状況に当てはめて戦略を立案する、あるいは、なぜうまくいかないかを一般化したモデルで説明しようとするといった態度だ。典型的には「見える化」である。見える化自体が問題ではない。しかし、過剰にすべてを見える化しようとする態度や思考は可能性を排除していく。

　こういった本質主義に対して異なる視点を提示するのが実存主義（existentialism）だ。こちらは、人間でたとえれば、個人の性格なども一定のものではなく、つねに変化するものだととらえる。あるいはそれぞれが多面的な性格を有していて、それが実際に日常の実践のなかで時と場合に応じて、つまり活動の中でさまざまな形で表れてくる。それは、いきあたりばったりなのではなく、それこそが現実を現実的に生きるという姿勢

だと考えるのである。

　実は本質主義と実存主義の対比や対立は、これまでも哲学上の大きな問いの一つだった。古典的哲学は人間の本質を前提にしている。つまり永遠で不変の人間性（human nature）というものを信じている。人間性・人間らしさが個別の人間においてはさまざまなかたちで表面化するが、中身は変わらない、運命論的だ。この視点は、マルクス、ニーチェ、サルトルなどの近代の実存主義的哲学者から批判されてきた。彼らは人間の現実の存在がまずあって（実存は本質に先立つ）、今ここの場で何を実践するかによって本質も形成されていくと考えた。

　ドイツの実存主義哲学者のマルティン・ハイデッガーは、昨日と同じような行動を続けながら漠然と未来に期待する人間を、本来的でないと考えて「非本来的実存」と呼んだ。しばしば私たちは、従来の仕組みや日常に埋没し、忙殺され、現在を目前の事柄としてしか認識できず、過去のことを忘れ、未来もぼんやりしたものとしかとらえず、なんとなく明日に期待しながら生きている。しかし、本来、私たちのあるべき「現存在」は、決意的に未来に先駆けようとするものだ。そこではじめて過去の経験が再編集され、現在を未来に向かう瞬間として生きることができる。そこでハイデッガーは「現存在」のことを「死を意識する存在」とも言った。

　大袈裟に聞こえるかもしれない。しかし、組織にぶらさがって生きるクルーザーはハイデッガーに言わせれば「非本来的実存」だろう。「現存在」にとってはあらかじめ明確な分析があって行動が起こるわけでなく、偶発性を持つので学習、さらには創造が起きる（創発）。そのダイナミックな過程で、その人なりのあるいは組織や企業なりの存在が形成されていくと考えると言うわけである。

　実存主義が重要になるのは、個の自律的な意識が経営や組織のあり方に大いに関わるからだ。

経営学の世界でも、この本質主義と実存主義という二つの考え方が存在する。本質主義に従えば、多様な、すでに確立された戦略理論などを用いて現在の状況を解釈し、もっとふさわしい戦略を形成しようとする。一方、カナダのマギル大学のヘンリー・ミンツバーグ教授によれば、多くの戦略は状況に応じて変わる。そこで現場からのフィードバックを基に、戦略を「創発」させていく。土台、計画通りの戦略などありえないと言っているのだ。

　前者は、ちょうど、大理石から石像をノミで彫り出していくような緻密なプロセスであるのに対して、後者は轆轤を回しながら自由自在に作品を作っていく、つまり自由意志を介在させてデザインしていくようなプロセスである。

　言うまでもなく、今、経営思考は前者から後者へとシフトしつつある。経営思考の土台が、分析的なものと創造的なもののバランスから成っているとすれば、ますます創造的な思考に重心が移動している。したがって、たとえば今、デザイン思考などが重視されているのは、それがたんに創造的な技法や思考ツールとして有効だからというだけでなく、こうした大きな隠れた思考パターンの変化に対応したものだからだと言える。

　さて、今述べてきたような、利他主義と実存主義は、これまでの利己主義と本質主義によってつくられてきた企業のあり方を大きく変えるものだ（図表3-13）。

　この二つからなるプリンシプルを現実化するのが、まさに「経営の人間化」だと言える。

アート思考と人間の創造性

　21世紀の新たなプリンシプルを支えるキータームとして、もう一つ重要なものがある。「アート思考」である。これはまさに利他的で実存的な経営の時代に求められる、人間的な創造的思考だ。

これまでデザインを経営資源の一つとしてマネジメントする「デザインマネジメント」やデザイン思考など、実践の場でのデザインが提唱されてきた。そして最近は、デザイン思考が広がるなかで「デザイン思考からアート思考へ」などというメッセージすら聞こえるようになってきた。これはデザイン思考が普及するにしたがって「形式化」が起こり、単なるツールとして理解されるような状況にあるからで、反省としてアート思考が叫ばれるのは当然だ。デザイン思考と言うと、デザインコンサルティングファームなどの活用するイノベーションの方法ととらえられているが、それはきわめて表層的な理解と言えるだろう。ワークショップをやって、付箋を並べたり、模型を作ってみてもそれだけでイノベーションなど起きない。

　一般的にデザイン思考の肝は、人間の内的経験や主観をベースにして、環境（場）との関係を最善のものとしてつくりだしていく試行錯誤的な協業のための組織的方法論である。それが技術と結びつくことでイノベーションに繋がる。デザイン思考の基本となるのは、問題解決ではなく、問題や機会の発見、構想力や想像力を駆使した社会や技術、経営を結びつける相互作用的（インタラクション）思考、主観や直観を重視した思考（アブダクション）、異種の人々との協業、そして試行錯誤のプロセスである。こうしたプロセス自体は、一連の計画的思考とは異なる思考や方法論としてのアジャイル開発やリーンスタートアップなどに共通したものである。

図表 3-13
利他主義と実存主義から導かれるプリンシプル

	本質主義（決定論）的思考	実存主義（可能主義）的思考
利他主義的経営	CSR や CSV、SDGs などの観点や目的設定	→知識創造プリンシプル　経営の人間化　社会イノベーション
利己主義的経営	従来の経営・企業概念（株主利益優先、競争戦略）	→創発的な戦略　クローズドなイノベーション

実は「デザイン思考からアート思考へ」という単純なメッセージには若干問題がある。なぜなら私たちが言うデザインとは、産業革命以降、この100年近く、産業や企業がアートを企業活動に生かすための過程で形作られてきたものだからだ。20世紀初頭に生まれた「インダストリアル・デザイン」という概念は、それ以前には「インダストリアル・アート（工業芸術）」と呼ばれていたのだった。

　デザイン思考は、暗黙知から形式知を生みだしていく知識創造のプロセスを背後に持った方法であり、インダストリアルデザインから始まった20世紀のデザインの運動が100年かけて、人間の経験やビジネスをデザインするところまで発展してきたものだ。デザイン思考は知識創造プロセスを実践する上での有効な方法論・思考のあり方だ。その過程で人間が誰でも持っている創造性を引きだすことができる。

　ここであらためてそのルーツともいえる知識創造理論を振り返ってみよう。

（3）プリンシプルのルーツとしての知識創造理論

知識の富の理論

　知識社会経済の時代の10のプリンシプルは、知識創造経営にルーツを持つ。

　筆者は、20年にわたり「知識創造理論」に関する実践や調査を行ってきた。その蓄積をベースに紡ぎ出されたアイデアが、10の新たなプリンシプルの源泉であり、その実践を担うダイナモの要請も知識創造理論に基づいている。それゆえ筆者らはこのプリンシプルを「知識創造プリンシプル」と呼んでいる。これは必ずしも企業経営の世界に限るものではなく、NPOなど社会的組織、公共セクターや政治など、社会・経済にまたがるものだ。今、世界的に広がる研究者と実践者はいわば「知識（創造）学派」と言えるが、そのプリンシプルは単に経営にとどまらず、社会的イノ

ベーションや政治などにも広がるものだ。

　世界のビジネス思考のトレンドを調査し発表している団体、Thinkers50の2019年版では以下のようなテーマが上位（ベスト5）に挙がった。

・**新産業・新市場の創造**
　　▶ブルーオーシャン戦略など新たな価値領域の探索
　　▶チャン・キム、レネ・モボルニュ

・**デザイン思考・社会的イノベーション**
　　▶戦略やイノベーションにおける創造的洞察
　　▶ロジャー・マーティン

・**創造的チーム・組織の心理**
　　▶創造的プロジェクトチームの心理的安全性
　　▶エイミー・エドモンドソン

・**ビジネスモデル・イノベーション**
　　▶ビジネスモデルの観点からの戦略と実践
　　▶アレクサンダー・オスターワルダー、イブ・ピニュール

・**競争優位の終焉・破壊的イノベーションの脅威**
　　▶イノベーションを採り入れた戦略
　　▶リタ・マグレイス

参考：https://thinkers50.com/awards/awards-2019/

　たとえば最後のリタ・マグレイス（コロンビア大学ビジネススクール教授）は、変化の激しい経営環境の下では、「持続的な競争優位を構築して、そこから長期間にわたって利益を得る」という考え方は通用しないという。そこで「イノベーションへの習熟」など「新しい戦略シナリオ」の活用が不可欠だと主張している（『競争優位の終焉』、日本経済新聞出版）。

　今や「イノベーション経営」の時代だということなのだが、イノベーションとは新たな知識の創造であり、根幹は知識創造プロセスやそのための

場にあるのだ。

　歴史をさかのぼると、知識創造の理論への要請は、1950年代以降の知識経済への転換期に生まれたものだ。

　　「知識は今日唯一の意義ある資源である。・・・今言えることは、何らかの理論が必要とされていること、つまり、知識を富の創造過程の中心に据える経済理論が必要とされているということである。そのような経済理論のみが、今日の経済を説明し、経済成長を説明し、イノベーションを説明することができる。」
　　（『ポスト資本主義社会』、ピーター・F.ドラッカー、ダイヤモンド社）

　1990年代に野中名誉教授らが提唱した「知識創造理論」は日本企業の強みが経営資源としての「知識」にあることを示し、日本発の経営理論として世界の経営学のみならず、ビジネス界に導入されるなど、多大な影響を与えた（コラム参照）。こうして広がったネットワークは経営の「知識学派」を形成しているが、本書の筆者もその流れにある。

　知識創造経営にあるのはどんな原則なのだろうか。『知識創造経営のプリンシプル』（野中、紺野2012）では、「知識経営理論」に基づいて、（1）知行合一の戦略学すなわち生きざまとしての戦略、（2）実践知の組織とリーダーシップすなわち賢慮のリーダーシップ、そして、（3）経営の根本としての事業の革新と持続性の観点から次ページのプリンシプルを挙げた。

　そして、さらにこれらを綜合する力が必要だ。『構想力の方法論』（紺野登、野中郁次郎、日経BP）では、構想力が企業や社会の優位性や持続性を生みだす力として、主観力、想像力、実践力の三要素で構想力を考えた。それは、自己と他者の共生、人間の想像力や創造力、現実との相互作用など、モノや数字の経営でない、あるいは論理分析や観念論でない、人間に基づく経営能力のことだった。

①共感と相互主観に基づく関係性：場（基本単位としての間身体性）
②戦略について学ぶことと実践は異なる（実践的な知の方法論）
③暗黙知と形式知の循環がイノベーションの中核（知識創造理論）
④他者のストーリーでなく自ら物語る（ナラティブ）（物語を生きる）
⑤目的と手段に基づく実践的判断力（実践的三段論法）
⑥目的、共感、場のリーダーシップ（賢慮のサイクル）
⑦ダイナミックな組織（ツリーでない組織デザイン）
⑧エコシステムのビジネスモデル革新（関係性のデザイン）
⑨社会のイノベーション（市場知と技術を融合する知識デザイン）

COLUMN ｜ 知識創造理論とその進化

知識創造組織は持続的な成長を生む

　筆者たちは、これまで20年にわたって、知識創造組織を調査し研究してきた。そのファクトと実践経験に基づいて知識創造プリンシプルを提唱している。

　知識創造は単なるモデルでなく、実際の状況を調査ツール（ナレッジオーディット：知識革新度調査）によって測定できる。知識創造（SECI）モデルは企業組織の価値創造とパフォーマンスの関係を説明する。最近の調査からいくつかの傾向を挙げよう。

　（図表3-14ではその一例として、2019年4月の筆者らによる国内ウェブ調査データを挙げている）

・知識創造プロセスが回る組織はビジョンも強く、変化に敏感。業績もよい。

- 知識創造を支えるのは目的の力だ。目的意識のある組織はビジネスモデルを変革させている。目的意識のない組織では、ビジネスモデルを変革しないだけでなく、これからの社会への対応が困難になるかもしれないという危機感がうすい。
- SECI が回っている組織には場がある。場があるからといって、SECI が回るわけではない。
- しかし、全体の約3割にあたる SECI が回っていない組織にはおおむね場がない。
- 目的と場が軸となり、経営者が目的共有をうながし、場を設けている企業はイノベーションを生みだす可能性が高まる。

知識創造理論の系譜

　組織的知識創造理論の萌芽は、1970年代後半から1980年代にかけての日本企業の旺盛な商品開発に関する研究にある。

　1980年代後半、野中らは組織における情報処理の概念に基づいた研究を行った。しかし野中は、「日本企業の組織力は情報処理ではない」という仮説を立てた。そして、情報処理を超える、「知識の創造」という考え方に着想を得た。情報とは異なり意味を持つ知識に着目したことで、研究の関心は現在の経営の根幹にある哲学に向けられるようになった（野中、1990）。この哲学は、マイケル・ポラニーが発見した「暗黙に知る（Tacit Knowing）」（Polanyi、1966）つまり「暗黙知」の概念に触発されている。

　暗黙知とは、信念や思考を含む主観的な知識であり、個人の経験から得られるものであり、言語化することは困難である。明示的な知である形式知は、暗黙知とは反対の軸にある。形式知は、ICT を活用して言語や数字で表現し、データベース化することができる客観的な知識である。

　1990年に野中は、暗黙知と形式知を体系的に変換して新しい

図表 3-14

「知識創造プロセスが回っている」とは
どういうことなのか？

知識創造（SECI）プロセスの4現象での活動が活発

	N	S得点	E得点	C得点	I得点
SECI 実践度H層	68	H 3.99	H 4.24	H 4.22	H 4.18
SECI 実践度M層	229	3.07	3.28	3.05	3.20
SECI 実践度L層	115	L 2.35	L 2.43	L 2.26	L 2.41
全体	412	3.02	3.20	3.02	3.14

(点)

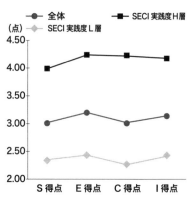

知識創造→業績の差異が明らかだ

	N	営業利益の増加率	従業員数の増加率	新規顧客の増加率	顧客単価の増加率
SECI 実践度H層	68	H 67.6	H 60.3	H 64.7	H 58.8
SECI 実践度M層	229	48.0	33.2	31.0	29.7
SECI 実践度L層	115	L 38.3	35.7	27.0	L 22.6
全体	412	48.5	38.3	35.4	32.5

注）「プラスに推移している」と回答した割合 （%）

こうした会社（組織）はビジョン、目的、社会的意義、顧客貢献実感が高い

	N	経営者は会社のためだけでなく、社会善に照らして正当な目的・ビジョンを打ち出している	自分自身が、組織の存在意義や事業の目的に強く共感している	自組織の事業には社会的な意義がある	仕事を通じて社会やお客さまへ貢献している実感がある
SECI 実践度H層	68	H 72.1	H 77.9	H 83.8	H 79.4
SECI 実践度M層	229	48.9	47.6	59.4	59.0
SECI 実践度L層	115	L 30.4	L 20.9	L 42.6	L 37.4
全体	412	47.6	45.1	58.7	56.3

（%）

こうした会社（組織）には「場」がある

	N	プロトタイピングやビジネスモデル討議など、コンセプトを検証する場・プロセスや仕組みがある	イノベーションや創造的活動を行うための物理的空間が用意、活用されている	イノベーションに向けた他社との協業を効果的に行う場・プロセスや仕組みがある	新規プロジェクトや新規事業に対して、自立的に手を挙げて参加できる制度や仕組みがある
SECI 実践度H層	68	H 54.4	H 58.8	H 55.9	H 60.3
SECI 実践度M層	229	17.5	15.7	14.4	19.2
SECI 実践度L層	115	L 4.3	L 7.0	L 6.1	L 11.3
全体	412	19.9	20.4	18.9	23.8

（%）

注）H= 全体に比較し有意確率95% 水準で高い、L= 全体に比較し有意確率95% 水準で低い
筆者モニター調査（2019）
※2019年12月民間企業（従業員数300人以上かつ創業10年以上）の経営者・管理職対象のオンライン調査（412サンプル、経営者・役員22人、部長相当153人、課長相当237人）

知識を生みだすプロセス、"SECI モデル" を発表した。このプロセスは、革新的な製品を開発する日本企業で有効に機能していた。1994 年には四つのモードからなる SECI モデルが海外にも発表されたが、当時は「ナレッジ・マネジメント」ブームと重なっていた。知識が経営資源として注目され始めたのは、ドラッカーが『知識社会の台頭』(1993) を発表した直後のことである。

　知識創造のプロセスは、企業が新たな知識を創造し、新たな社内知識資産を獲得・育成することを可能にする。すなわちイノベーションの中核となる SECI プロセスは、以下のフェーズから構成されている。

　(i) 直接経験を通じて顧客やユーザーと共感し、暗黙知を獲得・共有する「共同化」、(ii) 暗黙知を対話・思考・比喩を用いて言葉や概念で外部化する「表出化」、(iii) 技術・ソフトウェア・サービスなどの知識資産を活用して、新たな形式知をプロトタイプや最小実現可能な製品などに体系化する「連結化」、(iv) 実験や経験をナラティブに通じて伝達し、形式知を暗黙知に変換する「内面化」から構成されている。

SECI プロセスの哲学

　四つのプロセスの基本は、共感から生まれる間主観性（相互主観性）に基づいて、新しい知識を創造することだ。それは相互作用に基づいている。個人から、個人と個人へ（一人称から二人称へ）、チームからグループ（三人称）、組織へ。そして再び個人（一人称）への回帰。それは循環的であり、一度限りのプロセスではない。たとえば、「内面化」で共有された暗黙知は、組織、市場、環境の新しい知識への洞察に火をつけ、次なるコラボレーション（「共同化」）に繋がる。イノベーションは、SECI プロセスの「スパイラルアップ」、つまり継続的な進化によってもたら

される。このような組織化された知識創造行動は、質的観察や定量的調査によって把握可能である（野中、紺野、廣瀬、2014）。

　世界的に広く SECI モデルが提示された『知識創造企業』（野中郁次郎、竹内弘高、1996）後、暗黙知が出現し形式知に変換される場所、空間、時間として場（ba）の概念が発表された（野中、紺野、1997、1998）。日本企業の観察からは、組織図に示されたフォーマルな場とは別に、インフォーマルな場やアドホックな場が存在し、それらの「場」で SECI プロセスが活発に行われていることが示唆された。「場」は知識を創造するためのダイナミックな基盤である。その背景には、場の哲学があった。

　日本の哲学者・西田幾多郎が発表した「場所の論理」は主客未分の「共有された動的な文脈」として解釈され、その場において知識が出現するという考え方の基礎となった。

　「場」とは、暗黙知を共有し、それを新たな形式知へと変換する「述語的」な関係（名詞ではなく動詞を共有する、主語を他者と共有すること）である。それは組織の壁の中に留まる必要はなく、新しい知識を生みだすために開かれていく。「場」のデザインが SECI プロセスを促進するというモデルは、知識創造プロセスを一部門だけでなく組織横断的なイノベーション、さらにはオープンイノベーションのプロセス（企業間の知識創造）としてとらえる新たな経営モデルへの視点を生んだ。

　2000 年代は、2000 年初頭のドットコムバブル崩壊、2002 年のワールドコムやエンロンなどの不正行為、2008 年のリーマンショックに端を発した世界的な経済不況など、企業経営は激動の時代であった。それらは、米国のビジネススクールの意義に疑問を投げかけた。株主価値の最大化を目指してきた米国流の経営手法の見直しがはじまり、目的の重要性や今も議論が続いている、過剰な資本主義などの哲学的な疑問が浮上してきた。

一方で、政府では対応できないさまざまな社会問題をビジネス
アプローチで解決しようとする社会起業家が新たな潮流となった。
企業にも社会的責任が見えてきて、社会的関係の設計を通じて新
しい経済システムを創造しようとする考え方が出てきた。

　そこで、野中、紺野（2012）は、知識創造プロセスを社会的
実現（最終的には共通善）に向けて推進し、知識をもたらす社会
的イノベーションあるいは異なる主体間の知識創造である「オー
プンイノベーション」の組織能力、リーダーシップ能力として提
唱している。

　知識創造は大きく、リニアな情報処理プロセスとは異なる知識
創造のモデルとして、アジャイルな開発プロセスやデザイン思考
のプロセスの背後にあるプリンシプルを説明するものとして理解
できるだろう。

エクササイズ3：
あなたの組織を10のプリンシプルで振り返ろう

問．あなたの組織は、どのようなプリンシプルで成り立っているだろうか。
　古いプリンシプルと新しいプリンシプルを見比べながら、どちらが強い
　か振り返ってみよう。

A. 古いプリンシプル		B. 新しいプリンシプル
利己主義（我が社の利益や株価が関心事）	←→	利他主義（社会や顧客の利益が関心事）
短期主義（今期、今年の実績が中心）	←→	長期主義（遠い先にあるビジョンが中心）
計画主義（計画を立てたら、変更せず完遂あるのみ）	←→	目的主義（大目的を定め、試行錯誤しながら進む）
情報処理型（PDCA が中心）	←→	知識創造型（対話や実践が中心）
論理分析型（エビデンスとデータが重視される）	←→	共感と相互主観性（主観的な思いと共感が重視される）
三人称主義（客観的に語ることが推奨される）	←→	一人称主義（思いを自らの言葉で語ることが推奨される）
階層型組織（階層によってコミュニケーション相手が規定される）	←→	ネットワーク型組織（組織の壁が低く横などの繋がりで仕事がはじまる）
同質性（性別に偏りがあり、学歴や専門性が似た人の集まり）	←→	認知多様性（性別のバランスがとれ、多様な学歴や専門性のある集まり）
意思決定主義（事実に基づかないと判断しない）	←→	実践的判断主義（必要なときは、仮定に基づき判断を下す）
自前主義（すべてを自社でしようとする）	←→	エコシステム主導（パートナーと共創で価値を生みだす）

問．あなたの組織で、特に強いと思われるプリンシプルを三つ選ぼう。そ
　れらは、なぜ、強いのだろうか。これから先も強いままでよいのだろう
　か。若手・管理職・経営層同士で対話をしてみよう。

野中郁次郎氏、佐宗邦威氏と語るダイナモとその時代

知識創造理論の研究で知られる野中郁次郎（一橋大学名誉教授）、戦略デザイナーとしてイノベーション創造に携わる佐宗邦威（株式会社BIOTOPE代表）の両氏に、プリンシプルチーム（筆者5人による）からの問いかけに答えていただくかたちで特別対談を行った。以下はその概要である。

人間の主観、経験を起点とする経営

プリンシプルチーム　これまでの企業や経営の論理が大きな転換期を迎えています。経済成長のための経済マシンと化した企業の機械的経営を、血の通う人間のもとに取り戻すという「経営の人間化」への転換が起きています。この転換には、従来の経営戦略や経営理論の知見を超える視点が求められるのですが、実は企業だけでなく、今、国家さえも疲弊し方向を見失っている。こういった状況のなかで、組織が生命力と活力を再起して創造性を復活させるにはどうしたらよいか。もはや小手先のシステムの改変で済まされるほど事態は容易ではないようです。求められているのは経営のプリンシプルそのものを変えていくことだと考え、この本では、10の新たな知識創造のプリンシプルと、転換への駆動力としてダイナモ人が求められることを提言しています。そこでお二人を囲んで、今、企業が人間を中心とする経営で再生するために何が必要なのかお話をうかがい、読者へのメッセージとしたいと思います。

野中郁次郎（以下、野中）　現在の日本企業の危機は、過去の成功体験とその際に範としたアメリカ型の分析的な経営手法に過剰適応してしまった結果であると、私は見ています。オーバー・プランニング（過剰計画）、オーバー・アナリシス（過剰分析）、オーバー・コンプライアンス（過剰規則）の三つの過剰で、身動きがとれなくなっているのです。

実は私が現象学に関心を持つようになったのも、その始祖であるフッサールが第一次大戦後に著した『危機書』（『ヨーロッパ諸学の危機と超越論的現象学』、中央公論新社）を読んだことがきっかけです。ヨーロッパ世界が危機に陥っているのは、科学万能主義の基、日常が数字化したことに根本的な危機の原因がある、科学のもたらす繁栄に眩惑されてはならないとフッサールが警鐘を鳴らしていたのを知って、まさに今、経営学や経営の現場で起こっているのはこの「フッサールの危機」の再現であると思ったのです。

　危機を克服する方法論は何かを考えていくと、やはり科学ではなく人間の主観や経験を起点に考えなければならないという考えに行き着きました。「いま・ここにおいて私だけ」に見える現場・現物・現実、すなわち経験の質が大事だということが説かれているのです。

　人間は、生きていく上で絶えず「意味づけ」や「価値づけ」を求めます。これらはすべて主観です。そこに客観的な裏づけなどありません。しかしその意味づけや価値づけこそが、創造性のもとになるんですね。ですから企業経営でも、人間の主観、経験の質（これをクオリアとも言いますが）、そうしたものを大事にすくって、そこから「いつでも・どこでも・誰にでも」と普遍化していくプロセスでなければなりません。はじめに理論ありきで、現実を演繹的に都合よくそれに当てはめるという発想とはまったく逆です。日本企業が三つの過剰適応を克服して危機を脱するためには、こうした根本にある発想を徹底して変えなければならないということです。現象学的に言えば、20世紀を通して科学的分析や科学的合理性など客観的な裏づけをひたすら求めて人間の主観を退けてきた経営学自体を、いったん「カッコに入れる」必要があるのです。

株主価値最大化は間違っていた

野中　2019年夏に、スコットランドのエジンバラにあるアダム・スミス

の旧家で、「新・啓蒙会議」なるカンファレンスが開かれ、私も参加してきました。「新・啓蒙」と称するのはアダム・スミスの啓蒙主義にちなんでのことです。議長役のデビッド・ティース（米カリフォルニア大学バークレー校ハース・ビジネススクール教授）、ジョン・ケイ（スコットランドのエコノミスト）、ニーアル・ファーガソン（『劣化国家』などで知られる歴史家）ら各氏とさまざまな議論をしました。

　得られた結論は、株主価値の最大化は間違っているということ、利益とは本来株主ではなく顧客のために価値創造をした結果として得られるものであるということ、そして従業員を大切にしなければならないということでした。一時期、リソース・ベースド・ビュー（RBV）という考え方がはやったりもしましたが、「人間はモノと同じリソース（資源）」ではなく、「人間はリソースや価値を生みだす主体」です。

　デジタル時代においては顧客もダイナミックに変化していきますから、その変化に対応しつつ、この知識社会にイノベーションを起こしていくためのアジャイルなチームが重要で、そこでは他者、社会への共感が大きなテーマになっていく点で意見の一致を見ました。

　アダム・スミスの旧家を会場としたのには意味があって、アダム・スミスといえば『国富論』が有名ですが、彼はその前に『道徳感情論』という本を出版しています。その中でアダム・スミスは、社会の秩序と繁栄にとっての「sympathy（シンパシー：同感）」が重要であると言っているんですね。つまり、人間の感情としてのシンパシーが核にあって、それをベースに倫理がはたらき、そうしたものの上にはじめて市場原理が成り立つということです。

　ところが、この『道徳感情論』で示された根本原理がなぜかまったく等閑視されて、『国富論』の市場原理主義だけが世に跋扈し、ついには株主資本主義にまでいってしまった。その先で数々の世界経済を揺るがすような事件や問題が起こり、危機的状況となったわけです。その危機を克服するために今度は、アダム・スミスの『道徳感情論』から『国富論』へとい

う順行を逆行するかたちで、株主だけではない、企業を取り巻くステークホルダーが大事なんだと議論したわけです。ステークホルダー資本主義は、その後アメリカ最大の経営者団体のビジネス・ラウンドテーブルやダボス会議などで発信されました。

　しかし、人間の共感（エンパシー）や同感（シンパシー）、倫理をなおざりにした市場原理主義や株主資本主義の行き詰まりから、いきなり人間のシンパシーをベースとした秩序と繁栄へと移行しようなど無理な話で、今もなおマネジメントの体系をどうつくるかは模索中です。

　我々も今まさに、こういうなかから、新たな経営のあり方を生みだしていかなければならないのであって、この本もそのために出版されるのですよね。人間の生き方、生きる上での意味づけ、価値づけ、そういうものをベースとした経営を復活させなければならないという思いは皆さんと同じです。そしてその原点には、フッサールの『危機書』があるということを言っておきたいと思います。

システムのつくり過ぎが人間を不自由にする

プリンシプルチーム　組織の創造性は、個々人の創造性が原動力です。一人ひとりの生き方、経験の蓄積とともに変化していく意味づけや価値づけが相互作用を起こすことで、組織のダイナミズムも生まれるということですね。

野中　人間は主観的な時間で生きています。仕事をしていても、我を忘れて没頭しているときには時間はあっという間に過ぎますね。無心になるというのは、言ってみれば自分自身を超えることなので、現象学でいうフロー状態です。そういう状態がまさに生き生きとした時間であって、そのさなかに「はい、定時なので仕事を終えてください」なんて言うのはナンセンスです。こういう旧来の管理によって、人間の野性味が劣化し、クリエ

イティビティは失われ、組織は活力をなくしていきます。

　現象学の基本的な考え方は、時間は流れですから、「幅のある現在」というふうに言うわけです。たとえば、音楽の「ドレミファソラシド」という音階がありますね。我々の認識は、「ド」や「レ」、「ミ」と音を一個一個孤立したものとして認識しているのではなく、「ドレミファソラシド」という流れとして認識している、これが主観的時間の認識なんです。一方、客観的時間となると、途切れた点になってしまいます。現在に幅などない。今はどんどん過去となり、未来はまだこない、過去でも未来でもない現在は点としてしか認識できません。そのとき、点としての「ド」に意味はありません。

　そうではなく、「ドレミ……」という流れを反復しているからこそ、「レ」を聴いた瞬間に「ド」がまだ残っていて、同時に次に「ミ」が来ると先読みしている。つまり、「いま・ここ」のただなかで、過去と現在と未来は、幅のある時間として（点ではなく流れとして）認識されている。これが主観的時間であり、そこではじめて音階や旋律としての意味が出てきて、同時に秩序や美しさを感じることができるわけです。その流れを止めてしまえば、たちまち意味は消失してしまうのです。

　組織もつねにダイナミックに動いています。ダイナミズムはリズムですから、流れを止めたらリズムも止まります。人間の主観的時間を止めるマネジメントでは、創造性は失われるだけなのです。

プリンシプルチーム　野中先生から日本企業の三つの過剰適応という示唆をいただきましたが、その点について佐宗さんはどのように考えていらっしゃるでしょうか。

佐宗邦威（以下、佐宗）　私は現在、戦略デザインファーム BIOTOPE の代表として企業の経営者や、新規事業づくりなどの現場でイノベーション支援に関わっています。特に、組織の中にすでに存在するはずの妄想＝

「主観」や、強みを引きだし、組み替えながら、創造を支援していくカタリスト的な役割で仕事をしています。私がお仕事をさせていただくクライアントは、まさに「企業の中で人間的であることをあきらめたくない人たち」であり、そのためには他人の尺度で測られる他人モードから、自分の主観で生きる自分モードとなる場をつくり、創造をしていくモードに転換することが一番重要だと感じています。その視点から野中先生の問題提起について思ったことをいくつかお話しさせていただきます。

　まず自分の原点にある体験についてお話しします。一つ目は、オーバー・アナリシス、オーバー・プランニングが創造性にもたらす弊害についての実体験です。私の最初のキャリアはP&Gのマーケティングでした。2000年にアラン・ラフリーが新CEOに就任後、マーケティング方法論を統一化し、同時に「コネクト・アンド・ディベロップ」と呼ばれる新規コンセプト創出の仕組みを両利きの経営的に実装するオープンイノベーション施策が奏功して、業績がグワッと伸びた時期に働いていました。ラフリーが行ったことは、彼がCEOになる前の段階でいくつも立ち上げられていた雑多な新規事業を、次々とシステム化して収益が上がる仕組みに進化させることでした。それによって一時は深刻な経営危機に陥っていたP＆GをV字回復させたわけです。

　その改革の5年ほどの状況を渦中で見ていて、最初の数年はその変革が業績に直結していくダイナミズムを感じる一方で、数年経ってから私は、野中先生が冒頭でおっしゃったオーバー・プランニング、オーバー・アナリシスの症状を強く感じるようになりました。あらゆるものがシステム化されていくなかで、現場では、新しいものを生みだそうという空気がどんどんなくなっていくのを実感したんですね。プロセスにはめないと何も進まない。プロセスの存在しないものは、存在しない。そういう世界になっていっていったように私は感じました。システムをつくり過ぎると、結果的に人間は不自由になるんです。実際に、会社の好業績の裏で、自分も含め心を病んで鬱になる人が増えていったのでないかと思います。本当に新

しい概念が生まれ、育てる場はどういう場なのか？という問いがこの経験を通じて生まれました。この経験が、自分のキャリアの原体験の一つになっています。

「余白」の場からエネルギーが生まれる

佐宗 もう一つは、新たなものを生みだす場、余白をデザインすることがいかに重要かという体験です。私は、外資系の販売会社でHOWを突き詰めるのではなく、WHATを考えられる職場を探し、ソニーに転職しました。2008年、リーマンショックの1カ月後のことです。当時の私は、ソニーグループの中で、顧客視点の商品開発や新規事業創造の仕組みづくりに一貫して携わっていました。ソニーは、今でこそ面白い商品をつくる会社という印象が出てきましたが、このときはまったく新しいものが生まれる雰囲気が薄れ、新しい価値をつくろうとする「場」が、ほぼ存在しなくなっていたと思います。現場のエンジニアのなかでも、「どうせ会社の中では新しいものなどできない」というあきらめの空気が広がり、社員が持っている新しいことに挑戦するマインドは社外活動で発揮されるしかない状況だったと思います。

　そのような環境下で、30代の社員数人のボトムアップから、全社の新規事業創出プログラムの「Sony Seed Acceleration Program」（SAP）を立ち上げ、全社に実装していく過程で気づいたことがありました。既存事業をうまく回すための管理の仕組みが、新規を生みだす遊びや余白を奪ってしまっており、既存事業が回っている組織においては、かなり意識的に日常の業務や日常の行動のなかに「遊び」や「余白」をつくることが、個人の、そして、組織の創造性を取り戻すためのレバレッジポイントだということです。先ほどのSAPは、立ち上げ後数年で、アジャイルな事業開発の文化を事業を超えて広げ、新たなものにチャレンジするソニーの企業文化のリブートに影響を与えた一つのきっかけとなる活動だったと思いま

す。管理型の組織の中に、自由な余白の与えられた場が社内公認で存在するようになったことで、変化が起きたのです。そういう場は、それまでゼロでしたからね。

そして、その余白のある場にいろいろな人が集まってきて、全員が創造人材ではなかったとしても、そのうちの10％程度の創造人材が自らの主観的な時間を投入して、新しい物語りを生んでいく。そこに最初のエネルギーが生まれたんですね。このようなプロジェクトを生みだす上で重要だと思ったのは、組織のアイデンティティとしてソニーのDNAを踏まえることです。新規事業というと、既存とは違うものを何でもいいからやる、というアジェンダではじまることが多いですが、SAPの企画をした初期は、「自由闊達な理想工場」というソニーのDNAを共創型になった現代にデザインし直すという大義を掲げていました。この大義が、たんに若者が今までと違うことをやりたいというだけではなく、会社を復活させたいという年代を問わずに人が動く上での重要な視座だったように思います。余白の与えられた場と、個々人の主観的時間と、組織のDNAが一体となって、新しいものが生みだされていったのです。

人間も組織も生きものですから、新陳代謝が必要です。システム化は、自然な新陳代謝をなくして機械的に制御できるようにすることですから、やり過ぎれば人も組織もエネルギーを徐々に失って病んでいく。今、日本の企業の多くは、そのプロセスにあると私は思っているんです。

では、新陳代謝をもう一度自然な状態に戻すにはどうしたらいいのか。それには二つのレベルでの新陳代謝が必要だと考えています。一つは日常の業務のレベルでの新陳代謝。そのために、先ほども言った余白のある、フローな時間を生みだすための場を、日常に埋め込むことが必要なのです。もう一つは経営のレベルでの新陳代謝。こちらは企業の存在意義としてのDNAの部分で、この部分でも実は新陳代謝が必要なんですね。普遍的な理念を掲げておけばいいというのではなく、自分たちの存在意義や理想とするあり方を時代の変化のなかでつねに語り直したり新しい言葉で補った

り、新陳代謝できる仕組みが必要だと思うのです。この二つのレベルでの新陳代謝が上がり、相互に繋がってぐるぐる回るようになれば、大企業も、そこで働く人々も、ともに健康を取り戻すことができるのではないでしょうか。

主観と主観の真剣勝負がなぜ必要なのか

野中 佐宗さんがおっしゃるように、システム化というのは、人が真剣勝負をする場や全身全霊をかけて打ち込む場を、どんどん平準化して形式化して、葛藤のない、新しい意味など生まれようもないものにしてしまう。生き生きとした現場の野性味が失われていくのは当然です。人間が求め続ける意味づけ、価値づけも、感性や身体性から呼び起こされるものです。身体のない AI は、身をもって体験するということがないので、意味づけも価値づけも自分ではできません。

　たとえば発生的現象学では、こんなふうに考えるんですね。人間は皆、赤ちゃんの頃は母親と感性で一心同体なんだが、言語が発達することで母子の分離が起きて自分と自分以外のものを対象化する知性、分析する知性が発達する。さて問題はその先で、大人になった状態で我々は、自分以外の誰かと互いに一心同体という状態になりえるかと。発生的現象学のここは面白いところなんだが、徹底的な対話による知的コンバット（闘争）によって、それはできるというんですね。互いに全身全霊で向き合って真剣勝負をする、そうやって打ち込んでいくなかでパーンとある瞬間に互いの過去、現在、未来がシンクロしてそこに新しい意味が生まれる。まさにイノベーションが起きるわけです。

　京セラの「コンパ」やホンダの「ワイガヤ」などは、まさにそういう真剣勝負の場、心身ともに没入して無心になる場をつくっているということです。仕事で何をするのか、自分はどう生きていくのか、部門を越えて、役職の鎧を脱いで、そこで徹底的に語り合う。そうした知的コンバットのなかから深い共感が生まれ、私の主観はやがて私を超えて「我々の主観」

つまり相互主観になっていくんです。これが共同化の本質で、共同化がイノベーションの源泉になっているのです。今はコロナ禍で人々が密になるようなことはできない状況にありますが、いろいろな工夫の仕方でそうした場を復活させる取り組みが行われているようです。

佐宗 自分自身が持つ主観で真剣勝負をするということは、経営層にとっても重要だと思います。日本の大企業の経営レベルの方と働いていて、一番チャンスがあると思っているのは、答えのない意義を考える「自由闊達な議論をする場」を経営レベルでつくるということです。日本の大企業は、役員の人たちがオフィシャルに自分の主観からくる本音を言える場面は極端に少ないです。そのことを実感したのは、ある大企業の役員のワークショップのファシリテーションをしたときでした。

そのワークショップでは、役員の方一人ひとりに、これからの10年、社会や顧客は何に困るのかを考えてもらって、その上で自社がどのような社会に価値貢献をするべきかという「意義」を議論したんですね。そうしたら、役員の皆さんから本当にいろいろな視点やアイデアが出てきたのです。ワークショップ終了後に、主催した経営企画部の担当者から、「我が社の役員があんなふうに語るのを聞いたのは初めてでした」といった感想を聞いたときに、気づいたんです。役員の人たちには、社内で主観を表出できる場が与えられていないんだなと。ソニーにいたときに経営会議を見ていても同様のことを感じていましたが、これは多くの企業に言える共通の症候群ではないかと思います。たしかに普段の役員会議では、自分たちが顧客の困りごとのために何ができるかといった主観的な議論はほとんどされませんよね。経営陣の人たちも主観的時間を生きているのであり、主観と主観で真剣勝負をする場もあっていいと思います。今の時代は、特に企業の意義やパーパスが問われる時代です。この議論には正解はありません。むしろ、この意義をつくることをきっかけにそれぞれの主観をぶつけ合うような場をつくっていくことが会社を本質的に変えていく一つのレバ

レッジの機会となると思います。

　リモートワークの時代になって、社長がオンライン会議越しにはなりますが、インタラクティブに自分の言葉で社の存在意義を伝えたりすることは、むしろ容易にできるようになっています。リアルの場であったようなヒエラルキーを比較的感じずに、役員と社員との間で、たとえオンライン上であっても、主観と主観がぶつかり合うような血の通った対話が行われるようになれば、大企業も変わっていく可能性は十分にあると思います。

異質なペアからはじまる組織的イノベーション

野中　たしかに大企業では難しいことですが、たとえば昨今のソフトウェア開発の現場では、主観と主観の真剣勝負のなかから機動的に知を生みだすということはもう日常的に行われていますね。ソフトウェア開発の主流であるアジャイル開発の一つに「アジャイルスクラム」という手法がありますが、あれは実は SECI モデルをベースに考えられたものなんです。

　我々は1980年代に、当時の日本の製造業の製品開発スタイルを調査したところ、先のホンダや京セラのように部門横断的に一心同体のようになって開発に取り組む方法が、もっとも機動的で高い開発パフォーマンスを示すという結果を得て、チーム全員がスクラムを組んでいるような姿を称して直観的に「スクラム型」と命名し論文を書いたんですが、その言ってみればハードウェアの現場の開発スタイルが、ソフトウェア開発での新しい手法に応用されていったのです。

　従来のウォーターフォール型開発に代わる、もっと機動的で俊敏な開発手法を構想していたジェフ・サザーランド（米スクラムのCEO）は、我々が提示したスクラム型でSECIをぐるぐる高速回転させてイノベーションを起こすというスタイルを参考にして、「アジャイルスクラム」という手法をつくり上げて展開していきました。しかしどちらもその基盤には、人間の主観と主観の真剣勝負、そして共感、相互主観があることに変わり

はないんです。

サザーランドはベトナム戦争のときに空軍で最も危険なファントムのパイロットだったんですね。偵察機というのは、武器を積むと動きが鈍くなるのでいっさいの武器を積まず、2人1組で目の前のミッションに命懸けで臨むんです。その体験から、一心同体の「ペア」で機動的にプログラミングをするペアプログラミングの方法論なども発想されたのだと思います。ソフトウェア開発者とクオリティコントロールを行う者がペアを組んで、まさに知的コンバットを行って開発を進める。そのようなペアを基本単位にして自在にスクラムを組むことで、俊敏かつダイナミックな開発組織を、サザーランドは構想し実際に展開していきました。

この「ペア」というのが、実は個人の知を集合知にするときの基本なんですね。組織的にイノベーションを起こすためには、それぞれの思いを一人称から三人称にまで変換しなければなりません。そのときのキーは二人称なんですよ。ペアがベースで根幹ができ、一人称の知は二人称を媒介にして三人称になる。そして二人称を媒介にして一人称が進化するという仕掛けなんです。そうすると何が起こるかというと、全員がプロになっていくんです。皆が一芸に秀でていく。それがアジャイルスクラムのパーパスなのです。

佐宗 一人称、二人称、三人称の話はとても興味深いです。これまでの管理型のマネジメントにおいては、組織は基本的にはヒエラルキーが強く、顧客や上司に対しての二人称、会社や社会という三人称の時間が圧倒的に多く、自分の想いや主観、ビジョンなどの一人称の時間が少ない構造でした。しかし、今はこの環境がリモートワークで変わりつつあると感じています。リモートワークは、個人が一人称で過ごす時間が増えます。一方で、孤独にもなりがちです。チームや組織という三人称と、自分のやりたいことの一人称を均衡させつつ、適度に二人か、三人程度の少人数のチームを組み合わせることで、個人の思いをうまく全体に翻訳していくことができ

るのではないかと思っています。この一人称、二人称、三人称を使い分けることで、むしろ分散している状況を活かし創造性をグンと高める可能性も秘められているのではないかと思います。そのときにキーとなるのが、個人とチームの繋ぎ目である二人称だというのは、大きな示唆をいただいたように思います。

野中　とても重要なポイントですね。共感でキーとなるのは二人称と言いましたが、ペアを組むといっても、同質のペアでは意味がありません。同質のペアでは、エンパシーが創造の原点にならないのです。集合知をつくるときには、ペアは異質でなければなりません。米アップルのスティーブ・ジョブズとスティーブ・ウォズニアック、ソニーの盛田昭夫と井深大、ホンダの本田宗一郎と藤沢武夫など、まさに異質なペアだからこその力強さを感じますよね。そういうペアをどうつくっていくかだと思います。

リモートワークに身体知を埋め込むには

佐宗　リモートワークと知識創造についてもう少しお聞きしたいのですが、現実に今、リモートワークが常態化するなかで、会社の経営をどうしていくかは、多くの経営者が悩んでいるところだと思います。開発合宿もできない、オフィスでの雑談もない、フェース・トゥ・フェースの議論もできない。共感力も創造性も失われていくのではないかという危惧が聞かれます。そういうなかでこれから重要になっていくのは、リモートワークの日常のなかでいかに身体時間をつくるかというとことなんだろうと思っています。
　具体的な話になりますが、私は、たとえばオンラインワークショップのときでも、PCに向かいながら、並行して横ではノートやスケッチブックに手を動かして言葉を書いたり絵を描いてもらい、書いたものをオンラインで見せ合うということをやっています。そうすると、より内省や、創造

がされやすくなるような印象があります。オンラインでも、皆それぞれに何かを感じていて感性は働いているんだなということを実感します。

　つまりオンラインでのコミュニケーションでも、自分の発言に覚悟を込めたいときには手書きで書いてもらうような身体性を起動するなど工夫次第ではいろいろできるということです。オンラインでの共創はまだまだ開発途上ですが、このような新しい認知体験をいかに自分ごと化していくかが課題なんだと思うんですね。リモートワークに適度なアナログ体験、身体感覚をいかに入れ込んでいくかが、これからの時代のマネジメントには重要だと思います。

野中　手で書くという行為はとても重要で、我々のありとあらゆる身体知を表現するのは書くということなんですね。書くということは、自らの暗黙知を言語表現することであって、一字一句意味を考えて、これだという表現になるまで考え抜かざるを得ない。さらにこれを受け取る相手はどう思うかとか、ありとあらゆるリフレクションを総動員していくわけです。すると、その先で、勝手に手が動いて、思いも寄らないアイデアや新しい意味が出てくる。そういうことが起きるんですよ。

　まさに全身の知というものを総動員するということは、書くという行為のなかに凝縮されている。今はパワーポイントの画像と単語の羅列で、皆、分かった気になっているようだけど、何にも分かってないんだと思いますよ。「なぜそうなのか」ということを最後まで書かなければ、その知は身体知化されませんからね。さまざまな高質な体験をしても、それを言語で書ききるということをしないと、本当の意味で身体知化にはならないです。ですから、今のリモートワークのなかでも、手で書く、考え抜いて言葉にして書くということをおろそかにしてはだめなんです。

国家を念頭において世界の危機に立ち向かう

プリンシプルチーム　日本企業は長い間、「測りたい」とか「見える化したい」という願望にとらわれて、そうすることで効率化、生産性向上にまい進してきたという面があります。測りたい、見える化したいといった願望は、数字で管理することで安心したいからであって、その裏には経営層の不安があるんですね。内に向かってはそんな管理をする一方で、外に向かっては、たとえば韓国勢との投資合戦に勝ったとか負けたとか、もはやお金のゲームでしかないようなことをやってきました。どちらを向いても、働く人を大事にするとか人に投資するということがなおざりにされてきました。

　そうした状態から、どうやって、社員が「我を忘れて没頭する」ような時間や余白のある場を再構築できるかが問われているのだと思います。無心になれる時間は、測定できるものではなく、その人にとってはまさに主観的時間で絶対的なものです。しかしそういう時間からしか創造性は生まれないのだということを、経営者が信じないかぎり、そういう場はつくられません。先ほど野中先生からもエジンバラでの新・啓蒙会議で従業員の復権が提唱されたとお聞きして、意を強くしましたが、経営者も社員自身も自分ごととして取り組まなければならないのだと思います。

　フィンランドのノキアが、10年ほど前に倒産の危機に瀕したとき、フィンランド人たちは巨人のようなノキアでもつぶれるのかと焦って、自分たちで立ち上がらなければと起業家が急増したという話があります。それで社会に活気が戻ってきたんですね。ビジネスを他人ごとではなく、自分ごととして取り戻したからです。

佐宗　古典的な言い方になりますが、「危機感の共有」が組織の変革には必要なんだというのは本当にその通りだと思います。フィンランドの人たちも、危機になってから個々人が立ち上がっていったわけですね。

実は私自身も、ソニーで、危機感の共有から自分ごととして動きだしたという経験をしました。2012年、当時の経営トップが「このままでは生き残れない」と、はじめて社員に向けて危機感を言葉にしました。「生き残れない」という言葉を聞いて、「ああ、これはもう大変なことだ、自分も何かやらないとだめだ」とスイッチが入って、自分なりに頑張っていろいろなことをやり始めたんです。同じような動きが周りでも起こってきて、何かしら感動や共感がわいてきたという記憶があります。

あそこで経営陣が、「まだいける、いける」と、それまで同様に見せかけの数字をつくって発表していたら、変われなかっただろうと思います。社員は皆「嘘だ」とは分かっていても、数字にごまかされているふりをしていた方が楽ですから、自ら動き出そうとはしません。数字にはそういう負の力があると思うんですね。達成目標も数字で示されることがとても多いですが、数字を示しただけでは目的を自分ごと化することはできません。

野中　本当の真剣勝負の場を、状況に応じて機動的につくれるかどうか、というときに、危機感というのは非常に大きな駆動力になります。

経営者でも政治家でも、リーダーが備えるべき特質としてきわめて重要なものの一つが危機意識です。とりわけ重要なのが国家を念頭においた危機意識。その意識を持って自分たちはどうあるべきかという目的をつくることが、リーダーには求められるのです。今の日本の企業経営者を見ていると、国家というものを意識して世界が直面するさまざまな危機を考え、そして自分たちが成し遂げるべき目的をつくっているかというと、そうは思えないんですね。

ならばむしろミドルや若手のプロジェクトリーダーたちのなかから、ガッツのある人が出てくることに期待したい。今、若い世代でも国家を意識して世界の危機に立ち向かっていこうとする視点と行動力を持つ人が増えているのではないでしょうか。そういう人たちの方が、経営者よりもセンスがよいのではないかと思います。

ダイナモの時代へ

プリンシプルチーム　この本では、野中先生がおっしゃった人間の野性味やガッツ、そういうものを持って真剣勝負に挑める人たちや、佐宗さんが今一緒に仕事をしているという企業の中で人間的であることをあきらめたくない人たち、そういう人たちを「ダイナモ」と呼んでいます。

　この20年ほどさまざまな企業と仕事を一緒にしてきて今、思うことは、20年前に比べて、ダイナモ経営者もダイナモ人も、一桁は減ってしまったという実感です。組織のなかでやんちゃをする若手ダイナモも、それを片目をつぶって許す経営者ダイナモも、このままいけば絶滅してしまうのではないか。その危機感がこの本を書こうと思った動機のベースにあります。

　でも注意深く見ると、若いダイナモ予備軍は一定数まだ存在していることが分かります。すでに企業から飛び出してしまっている人も多いですが、わずかながら企業のなかにも残っている。そういうダイナモを発見して、佐宗さんがおっしゃるような余白のある場をつくり、ダイナモですからまさに彼らが発電機となって周囲を巻き込み、新たな意味や価値を創造していくことができると考えています。

野中　これは面白いね。

プリンシプルチーム　ただ、残存する少数のダイナモだけに頼っていたら、彼らはやがて疲れ切ってパワーを失ってしまうでしょう。そうなる前に、ダイナモ予備軍を増やして、育てていかなければなりません。

佐宗　そういう人たちが持っている活力や目的意識や経験の質といったものを、理解してくれる経営者がいれば救われますが、理解してくれる経営者がいなければ死んでしまいます。人的資本という考え方がありますが、そういう資本は、これまで企業が使ってきたモノサシではその価値を測る

ことができませんよね。可視化することができなければ、理解してもらえ
ない、ということになってしまう。

　人そのものが持っている価値、その人に蓄積されている経験や暗黙知と
いったものは、P／L（損益計算書）上で価値を測るのではなく、アセッ
トとして価値判断されるものなんだと思うのです。今後、たとえばESG
の概念を入れ込んだパーパス経営が必要とされてくる潮流のなかで、企業
がつくりだす社会的資本や環境資本がその企業の価値として見られるよう
になっていけば、蓄積された人的な見えないアセットにも自然に光が当て
られていくのではないかと思いますが、いずれにしても現在のP／L主義
で扱われている数字とはまったく違う概念になります。それがどのような
形で認識され評価されるようになるのか、問題意識を持って私も見ている
ところです。

共感をベースにしたマネジメントへの挑戦

野中　そうですね、機動的な適材適所、その時どきの文脈に応じた人材の
抜擢、あるいは支援・育成というのは、今ものすごく重要な人事であるわ
けですが、私たちが考える本当の意味の機動的人事は、これまでの人事部
の発想をはるかに超えた発想が求められるのです。絶えず試行錯誤を繰り
返し、どんな小さな手でも打ってみて、実践を通じて反省し、すぐにまた
次の手を考える、そういう感覚を研ぎ澄まさないことには機動的人事はで
きません。

　そういう意味で今、私が最も注目する経営者の一人がマイクロソフトの
3代目CEOのサティア・ナデラです。彼は、人間中心の経営改革を実践
していて、「エンパシー（共感）」がイノベーションを生むと明言している
のです。「私の個人的な哲学と情熱は、新しいアイデアと他人への共感の
高まりを結びつけることにあります」と著書『Hit Refresh（ヒット　リフ
レッシュ）マイクロソフト再興とテクノロジーの未来』（日経BP）で述べ

ています。

　そして、インパクトを生みだすための評価軸のなかに共感力を加えたのです。具体的には、一番は成果をどれくらい高く達成したか、これはどこでもやっている定量、定性の評価ですね。しかし、二番目と三番目がすごいんです。二番がどれくらい他者に貢献したか、そして三番がどれくらい他者に支援を求めたか、なんですね。以前のマイクロソフトには、一番しかなかった、つまり自分の成果しか評価基準がなかったのですが、そこに「他者」という軸を入れて、貢献すること、支援を求めることへのインセンティブが働くようにしたというのです。これは社員の行動規範そのものです。

　機動的な知の共同化において重要なのが、一つは大きな物語りを描く「プロット（筋書き）」ですが、もう一つ大事なのはビジネスにおける個別具体な場面でどちらへ行くべきか、何をすべきか、その判断や行動の指針となる「スクリプト（台本）」です。つまり行動規範、これを言語化して示すことです。ナデラはそこに共感力を据えたわけです。

　プロットはわくわくするようなロマンを語るんだが、スクリプトは肚にガツンと響くような言語表現である必要がある。肚落ちしていないと瞬時に行動できないからです。スクリプトは言ってみれば母親の言葉なんです。「Mother's Wisdom」と言うんですけれども、母親に言われた教えは覚えてますよね。世界にたった一人ですからね。富士通の新しい「Fujitsu Way」、トヨタの社員手帳など、今さまざまな企業でスクリプトの再構築が行われているのも、組織に機動力を再生するためです。これからの時代、機動的な人事はとても重要です。これまでの概念を超えて、評価システムのなかに共感力や野性味、創造性といったものをどう組み込むか、それは経営の大きなチャレンジです。

プリンシプルチーム　野中先生、佐宗さん、どうもありがとうございました。

第4章

ダイナモを生みだせ

Practical Theory : Creating Real Dynamos

1 ダイナモ人の生みだす未来

　ここまで見てきた「知識創造の原則（プリンシプル）」を実行に移すには、ダイナモに大いに活躍してもらわねばならない。そのためには与えられた日常の業務に飽き足らず、社会や会社を良くしたいという秘めた思いを持つ個を発掘し、自己裁量に基づく行動をうながすことが必要となる。

　ここであらためて、「ダイナモ」とはどのような人なのかを考えてみたい。先述の通り、ダイナモは上司の期待に忠実なアウトプットをつくる人ではない。社会や市場、顧客をよく見て、隠れた問題とその本質を考え、解くべき課題や目的を自ら設定し、解決に向かって情熱的に突き進む人たちだ。言葉が上手とは限らないが、高邁で利他的な目的と純真な思いが他者に伝播し、人を巻き込みながらコトを進めていく。ダイナモをダイナモたらしめるのは、目的意識に基づく課題設定力と行動力だ。「実現したいこと＝目的」があり、その目的が利他的で共通善に基づく（世のため、人のためであり、自分のため、自社のためではない）ため、多種多様な関係者を巻き込み、ネットワークの力を発揮して、今までなかった価値を創出する。樫原洋平氏（リンクアンドモチベーション　組織開発デザイン室）は、とりわけこうした若者を「エッジソン＝トガッたパーソン」と呼んでいる。

　ダイナモは、会社の方針や上司の指示に盲目的に従うことをよしとしない。社会で起きていることや、市場・顧客本位の視点から問題を発見すると、「自分たちが取り組むべきことはこれだ！」と躊躇なく提案をする。とりわけ、ミレニアル世代（1981〜1996年生まれ）やZ世代（1996〜2012年生まれなど）は、上の世代と異なる特性を持つと言われる。平等や公正、平和の実現、貧困撲滅、気候変動対策など国連が掲げたSDGsに強い関心を持ち、社会貢献意識も高い世代だ。日本のZ世代は、「失われた平成の30年」のゼロ経済成長（経済的に「今日より明日が豊かになる」と感じない）のなかで、社会的、精神的、環境的な豊かさの大切さを考え、

危機感を強めながら育ってきている。こうした感性は、経済成長のみを目標にする仕事には呼応しないが、ひとたび社会や地球環境などの改善に向けた活動の場が与えられれば、その潜在力を発揮する可能性が高い。また、この世代はデジタルネイティブ（生まれたときからネットとデバイスがある）のため、横への繋がりを広げることに秀でている。もちろん、ダイナモは若手に限定されない。何歳であっても子どものような好奇心を保ち、課題の設定と解決に果敢に挑んでいくマインドセットと思考特性、行動力を持つ人は皆、ダイナモだ。

　ダイナモは、多くの日本企業で失われている（あるいは発揮できずに埋もれている）、起業家精神（アントレプレナーシップ）を持った人たちのことでもある。戦後の復興期にソニーやホンダが生まれて世界へ飛びだしていったように、また、インターネット時代の到来とともにジェフ・ベゾス（アマゾン）やイーロン・マスク（テスラ）、マーク・ベニオフ（セールスフォース・ドットコム）、ブライアン・チェスキー（Airbnb）、マーク・ザッカーバーグ（フェイスブック）などが、まったく新しいユーザー体験を創造し、顧客の心をつかんでその数を指数関数的に増やしていったように。時代を問わない彼らの共通性は、社会や顧客のために、事業をつくっていることだ。

2 ナレッジ・ワーカーとしてのダイナモ

　「ナレッジ・ワーカー」は、ピーター・F.ドラッカーが提唱した概念だ。日本にもファンの多いドラッカーは、付加価値の源泉が知識であることを指摘したことで知られるが、彼が「ナレッジ・ワーカー（知識労働者）」という言葉を最初に使ったのは1957年だ（Peter Drucker, Landmarks of Tomorrow（New York: Harper & Bros., 1957）邦題『変貌する産業社会』）。

実に60年も前から、知識や知恵を使って付加価値を生みだすナレッジ・ワーカーが経済と経営の鍵を握ることを看破していたのだ。ドラッカーは、ナレッジ・ワーカーの生産性は、「自律性・自己選択性（autonomy）」と「相互作用（interaction）」の掛け合わせで決まると指摘した。自律性・自己選択性とは、主体性と自己責任に基づいて意思決定、行動することを意味し、相互作用とは、異なるナレッジ・ワーカー同士が繋がり、対話や仕事をすることによって、知の結合、編集、創造がうながされ、新たな意味や視点が生まれることを意味する。

　この考え方は、ダイナモに通底する。ダイナモは主観（個の思い）をぶつかり合わせ、間主観性へと発展させ、コトを起こしていくが、思いや信念を持つには、「これが変だ、おかしい」という問題設定を自分自身でできなくてはならない。「受け身的なダイナモ」は存在しないため、自律性・自己選択性を持つことは必須である。これは、フットワークの良しあしという「行動力」のことではない。むしろ、研ぎ澄まされた五感で、世の中で日々起きている問題や、生みだされている新しい考え方を知覚する「考動力」の方が重要となる。

　知覚（perception）とは、目の前で起こっているできごとや人、資料などから情報を受容し、選択し、解釈（意味づけ）することだ。独創的な解釈（知覚）からコンセプト形成（思考）が進み、アイデアの組織化や実行へ繋がる。人間は同じものを見ても、同じ情報を読んでも、一人ひとり知覚が異なる。結びつけられる知識と経験が千差万別だからであり、この解釈、意味づけのユニークさこそが、発想や未来の洞察の源になる。「同じものを見ているのに、アイツはどうしてそんなことを思いつくのだろう」と考えたことはないだろうか。これは、行動力ではなく、考動力によるものだ。ダイナモには、独自のアンテナと知覚を持つ人が多い。

　スマートフォンの例で見てみよう。2007年にアップルがiPhoneを発表するまで、ビジネスパーソン（特に米国）は、BlackBerryという携帯端

図表 4-1
アップルが 2004 年 3 月に米国で意匠特許を申請した、指で操作するタブレット端末

持ちやすく操作しやすいように角を丸く削り取った、今の iPad、iPhone と同じ形状をしている。
申請者の中にスティーブ・ジョブズ、ジョナサン・アイブの名前もある。
出所：米国特許商標庁　https://pdfpiw.uspto.gov/.piw?PageNum=0&docid=D0504889

末を好んで使用していた。この端末は、小さなキーボードを備え、メール作成やインスタントメッセージに威力を発揮した。ところが、多くの人々が好んだこの製品を「醜い！」と一刀両断したのが、スティーブ・ジョブズだ。彼の眼には、スクリーンの40％を占領する物理的キーボードが、邪魔に思えて仕方がなかったのであろう。彼は、当時流行していたペン入力も否定し、タッチスクリーンに徹底してこだわることで、その後の生活シーンを一変する iPhone を世に出した。

　ジョブズ独特の感性には脱帽だ。あの時代、BlackBerry とそれを使う

人を、すべてのビジネスパーソンが毎日見ていたのだから。一方で、知覚力は、感性のみならず、情報やデータの解釈にも重要な役割を果たすことを理解するのも大切だ。

　日本の例を見てみよう。DVD レンタルや T-POINT カードなどの展開で知られるカルチュア・コンビニエンス・クラブ（CCC）が、2000年中頃に主要店舗の TSUTAYA 会員を分析したところ、20代は56%の人が利用しているのに対し、50代は20%強、60代は11%強、70代は6%強と利用率が極端に低いことが判明した。「若者からの支持を活かすべき」と捉えるか、「手が届いていない成熟した大人にライフスタイル提案を行うべき」と考えるかは、同じデータを見た際の正反対の知覚だ。

　実際には、創業者で CEO の増田宗昭氏は、50代以上を対象として、クルマ、旅行、人文、料理、建築、アートという六つのジャンルに絞った書店 代官山 T-SITE を構想し、各売り場にコンシェルジュを配した。「大人の蔦屋書店」である。カフェやレストラン、雑貨、文房具などとの融合を図り、大人に一日ゆったりと過ごしてもらう空間を設えた。その結果は、客単価もリピート率も、若手世代とは比較にならない大きな需要が生みだされたのである（筆者もよくお世話になっている）。「商空間デザイン最前線（日経デザイン編）第85回「ライフスタイルを選べる大人の『家』〜代官山蔦屋書店」https://messe.nikkei.co.jp/js/column/moriyama/106515.html より」

　現在の成功に満足すればするほど、人間はそれまでの功績を否定できなくなる。特に、新しいものに、疑念の眼を向けてしまいがちだ。それがバイアスとなり、気づかぬうちにイノベーションの芽を摘むことになる。今日、ビジネスの現場でも学校教育の現場でも、「問いを立てる力」の向上が取り沙汰されている。知覚力は、経験や知識が支える一方で、過剰な自信はそれを鈍らせ、知らずのうちに新たな芽を摘みかねないことに留意せ

ねばならない。

　ナレッジ・ワーカーのもう一つの条件である、「相互作用」にも触れておきたい。新たなアイデアやコトは、個の主観や思いからはじまる。しかし、個の主観は他者と共有され、受け入れられなければ、ただの思い込みに過ぎない。思いがイノベーションとして成就する過程では、数多くの人々の間でその思いが共有、共感され、「私の思い」が「私たちのアイデア、願い」に変わっていくのだ。これを野中名誉教授は「相互主観性」と呼んでいる。スティーブ・ジョブズも、増田宗昭氏も、自らの思いの相互主観化を果たし、組織の共通の思いとして、製品やサービスの具現化に成功している。相互主観化とは、「話し手が聞き手の『自己』へ向けた注意から生じた含意が、時間を経て記号化・明示化するプロセス」である。この過程では、相手との相互作用が活発であるほど、共通認識や意味の洗練が進むことになる。相互作用は、交流による意気投合、対話による共感・理解、協働による実践・検証といった行為を通じて、一人の思いが、皆の正当化（justified）された真なる（true）信念（belief）、すなわち「知識」として磨き上げられていくプロセスでもある（伝統的な哲学では、知識を「正当化された真なる信念（justified true belief）と定義する）。

❸ ダイナモは顧客・市場・産業を創造する

　ピーター・F.ドラッカーは、1954年の著書『現代の経営』のなかで、「事業の目的の定義は一つしかない。それは『顧客を創造すること』だ」と述べた。顧客の集合体としての市場をつくりだすことこそ、唯一の企業目的ということだ。変化のスピードが速く、先行きの見えない社会では、顧客の不満を聞いて、製品やサービスを改良する20世紀型の経営だけでは生き残れない。見たこともなかった技術やビジネスモデルが、あっという間

に既存市場を駆逐する時代だ。企業は絶えず市場を創造し、未来を具現化していかなければならないのだ。ドラッカーは、市場は神や自然や経済の力で生みだされるものではなく、ビジネスに関わる人の営みによって創造されるものだと見抜いていた。

顧客・市場創造のダイナミックな戦いの勝者となっているのは、現在のところ、GAFAやマイクロソフト、ネットフリックス、テスラといった米国企業、BATH（Baidu バイドゥ、Alibaba アリババ、Tencent テンセント、HUAWEI ファーウェイ）に代表される中国IT企業、ユニリーバ、フィリップス、SAP、ネスレ、シーメンスといった事業変革を成し遂げた欧州企業だ。「勝ち組をただ列挙しているだけだろう」と思うかもしれないが、彼らはたしかな顧客・市場創造者だ。アマゾンやテスラは、創業から10年近く赤字経営を続けていた。目的を確信して新しい顧客と市場の創造に突き進み、先行投資を行い続けたからこそ、今があるのだ（テスラは2020年にはじめて黒字化）。

アマゾンのジェフ・ベゾスCEOは、「地球上でもっとも顧客中心主義の会社になりたい」というミッションステートメントを掲げている（https://amazon-press.jp/Top-Navi/About-Amazon/About-Amazon.htmlより）。テスラを率いるイーロン・マスクは、17歳のときに、「人類の救済」を人生の目標に定め、人類の進歩に貢献するために「インターネット」、「クリーン・エネルギー」、「宇宙」の分野への注力を誓った。マイクロソフトは、サティア・ナデラがCEOに就任して早々に「地球上のすべての個人と組織が、多くのことを達成できるように」という理念を掲げ（https://news.microsoft.com/empowerment/）、かつて敵対していたライバルと争うのではなく、クラウド上で協調するサービスを次々と投入している。

欧州企業はSDGs（ユニリーバは構想段階から参画）やインダストリー4.0（SAPやシーメンス、ボッシュがドイツ政府を巻き込んで規格を主導）など、時代の先を読んだコンセプトを打ちだすことで、枠組みづくりと事

図表 4-2
変革 20：戦略的変革をリードするトップグローバル企業
STRATEGIC CHANGE RANKINGS FOR 2019 by INNOSIGHT

カンパニー	最高経営責任者	新成長分野 （事業全体に占める割合）	株式 年平均成長率 （転換基準年以降のベンチマークとの比較）
#1. ネットフリックス	リード・ヘイスティングス	オリジナルコンテンツ（44%）	59%（2012 年以降の S&P500 の 10%に対して）
#2. アドビ	シャンタヌ・ナラヤン	"デジタル体験"（27%）	26%（2009 年以降の S&P500 の 10%に対して
#3. アマゾン	ジェフ・ベゾス	アマゾンウェブサービス（11%）	39%（2009 年以降の S&P500 の 10%に対して）
#4. テンセント	馬化騰	フィンテック／トランスポーテーション（25%）	32%（2011 年のハンセンの 1% に対して）
#5. マイクロソフト	サティア・ナデラ	インテリジェントクラウド（29%）	17%（2010 年以降の S&P500 の 9%に対して
#6. アリババ	ダニエル・チャン	フィンテック／スポーツ／エンターテイメント（14%）	8%（2013 年以降の NYSE 指数の 1% に対して）
#7. オーステッド	ヘンリク・ポールセン	洋上風力（37%）	30%（対 OMX コペンハーゲン -2017 年は 0%）
#8. インテュイット	ササン・グダルジ	"オンライン・エコシステム"（14%）	22%（2012 年以降の S&P500 の 10%に対して）
#9. 中国平安	馬明哲 .	フィンテックとヘルステック（6%）	17%（2012 年以降の SSE 指数の 2%に対して）
#10.DBS グループ	ピユシュ・グプタ	グローバルデジタルプラットフォーム（48%）	12%（2013 年のシンガポール Xchangeの -1%に対して）
#11.A. O. スミス	ケビン・ウィーラー	ウォーターテック（100%）	25%（2009 年以降の S&P 500 の 10%に対して）
#12. ネスト	ピーター・ヴァナッカー	再生可能燃料（70%）	24%（OMX ヘルシンキ 25-2010 の 7%に対して）
#13. シーメンス	ジョー・ケーザー	デジタルファクトリー（26%）	8%（2012 年以降の DAX 指数の 8% に対して）
#14. シュナイダー	ジャン＝パスカル・トリコワ	IoT ソリューション（22%）	8%（2012 年以降の S&P グローバル100 の 6%に対して）
#15. シスコ	チャック・ロビンス	サブスクリプションサービス（43%）	9%（2010 年以降の S&P 500 の 9%に対して）
#16. エコラボ	ダグラス・M・ベイカー Jr	水・エネルギーサービス（44%）	16%（2011 年以降の S&P500 の 9%に対して）
#17. 富士フイルム	古森重隆	ヘルスケア / メディカルイメージング（18%）	7%（2010 年の東京証券取引所の 6%に対して）
#18.AIA グループ	ウン・ケンホイ	ウェルネス＆予防（10%）	15%（2013 年のハンセン指数の 2%に対して）
#19. デル	マイケル・デル	インフラストラクチャ ＆セキュリティ（51%）	29%（2013 年以降の S&P500 の 11%に対して）
#20. フィリップス	フランス・ファン・ホーテン	ヘルスケア（65%）	6%（2014 年以降の S&P500 の 6%に対して）

出所：https://www.innosight.com/wp-content/uploads/2019/09/Innosight-Transformation-20-Final.pdf
イノサイトはハーバード・ビジネス・スクール教授クレイトン・クリステンセン（Clayton M. Christensen）およびマーク・ジョンソン（Mark W. Johnson）により 2000 年に設立された経営コンサルティングファームである。

業変革を同時に進めるしたたかさを発揮している。

　中国企業も負けていない。産業保護政策と巨大市場を背に、事実上のデファクトスタンダードを担うことに成功している。

　この状況を私たちは、どのように受け止めるべきだろうか。株主を喜ばせて投資を呼び込んでいるととらえるだけでは、本質を見誤る。彼らの強みは、顧客の創造を目的とした、「非連続的な革新（discontinuous innovation）」にある。アマゾンやテスラを見ると、周囲が本業と思っていた事業でさえ、自ら破壊（disruption）しながら、インパクトある付加価値を生み続け、進化し続けている。こうした経営をできるかが、日本企業にも問われているのだ。

　企業トップの発するメッセージは、株主だけでなく、従業員にも向けられている。ナレッジ・ワーカーであり、価値創造の主役である従業員に「リスクを取ってイノベーションに挑戦する。未来課題に眼を向け、知の力を信じて突破を図る」ことを、前述の海外企業の経営者は身を持って示している。ダイナモである彼ら自身が、ミドルのダイナモを鼓舞し、若手ダイナモを育て、さらには社内外に潜むダイナモ予備軍を呼び起こし、連携をうながしている。会社の目的と知識創造の方向性を見事に一致させているのだ。日本発の経営理論である知識創造経営を、もっとも忠実に実践しているのが、シリコンバレーの IT 企業であったり、欧州トップ企業であったりする現実を、私たちは直視する必要がある。

4 ダイナモの行動様式

　ナレッジ・ワーカーであり、起業家精神を持ち、顧客や社会の課題に取り組むことを通じて、本気で自分と自社を革新する人。これがダイナモだ。ここで、ダイナモの行動様式を、あらためて紹介したい。あなたの周囲で、どのくらいダイナモを見つけられるだろうか。あるいは、顕在化してはい

ないものの、内に秘めた可能性を持つ人材ならいるだろうか。

- **目的に尖る**：共通善（社会やコミュニティ全体にとって善いこと）の実現に向けた課題の解決や、未来づくりに向けた利他的な問いと目的を立てる。それは個人的な「野心」というより、社会的な「大志」だ。ダイナモは理想をあきらめない人であり、その目的達成に全力を尽くす人である。天命（天から与えられた命）をどう使うかを一生懸命に考え、悔いのない命の使い方（使命）をする人でもある。

- **行動主義**：現場で大切なのは「構え！ 狙え！ 撃て！」ではなく、「構え！ 撃て！ 狙え！」である。米国の著名な経営コンサルタントとして知られるトム・ピーターズの、この言葉の通り、ダイナモは、精緻な分析をする前にまず自ら動き、行動から得る学びやネットワークを重視する。最近の日本人ビジネスパーソンのもっとも不得意な科目は、この行動だ。とかく理屈をつけて、チャレンジを回避する。未知のものに挑んで、苦労の末に成功を収めた体験を本人はおろか上司も持っていないため、失敗しそうなことには体力・知力を使わない。一方、未来づくりを使命とするダイナモは、自ら進んで辺境に出向く。問題が起きている現場（ゲンバ）や、最新のテクノロジーや考え方が体験できる本場（ホンバ）に足を運び、本物の実践者と対話し、大いに勇気づけられ、ついでにプロジェクトの成功に不可欠な人脈も築いてしまう。本気度が高い者同士は、初見で意気投合し、肝胆相照らすのだ。成功に向かって行動するというより、行動の連続が成功を引き寄せるのである。

- **可能性主義**：「できない理由」より「できるかもしれない可能性」に重きを置いて、物事を考え、組み立てる。人は経験を積むほど、過去の成功体験に基づいた行動に依拠するようになる。だから、過去の経験や価値観に照らし合わせて確率が低い場合は、失敗しないよう、恥をかかな

いようにリスクを回避しようとする。一方、ダイナモは、確率論にはとらわれない。現実化させられるかどうかは、自分たちの行動次第という感覚で、可能性が小さそうでも、そちらに懸ける。その前提にあるのは、尖った目的に対する熱い思いである。もとより、「成功が保証されている冒険なら、わざわざ自分が手を挙げる必要はない」くらいの腹の括り方がある。

- **圧倒的熱量**：目的や課題解決への本気度（コミットメント）が高いため、突拍子もない目標も、できると信じて疑わない真剣な態度がダイナモにはある。これが、ダイナモが話したり行動したりするときの「熱量」となり、他者に伝わるのだ。筆者が企業と一緒に、企業革新やイノベーションのプロジェクトをやるときにまず行うのがダイナモ探しだ。探し当てるまでは骨が折れるが、出会ったら3分で分かることがほとんどだ。熱量が常人と違うのだ。

  「cool head but warm heart」（冷静な頭脳と温かい心）——19世紀末の経済学者アルフレッド・マーシャルの言葉である。経済学者ケインズの師であったマーシャルは、ロンドンの貧民街にケンブリッジ大学の学生たちを連れて行き、「経済学を学ぶには、理論的に物事を解明する冷静な頭脳を必要とする一方、階級社会の底辺に位置する人々の生活を何とかしたいという温かい心が必要だ」と説いたと言われている。

  決してあきらめないという強い決意、ほとばしる情熱、他人を思いやる優しい心、冷静かつ機転のきく頭脳が、ダイナモの真骨頂である。

- **巻き込み力**：高潔な目的と善い未来を信じる熱量は、他者に伝播し、仲間を増やす。伝説の求人広告をご存じだろうか？　アイルランド人探検家のアーネスト・ヘンリー・シャクルトンが1914年にロンドンタイムスに出した、「大英帝国南極横断探検隊」の隊員募集の広告のコピーである。

"Men wanted for hazardous journey. Low wages, bitter cold, long hours of complete darkness. Safe return doubtful. Honour and recognition in event of success."

「求む男子。至難の旅。僅かな報酬。極寒。暗黒の続く日々。絶えざる危険。生還の保証なし。ただし、成功の暁には名誉と称讃」

　この求人広告が本当にシャクルトンによって書かれたかについては諸説あるが、5000人を超える人が応募した。人々はダイナモの思いと目的に共感すると、感化され、仲間になろうと自ら協力を申しでるのである。前の話の続きになるが、企業の変革やイノベーションプロジェクトを立ち上げるとき、筆者は必ず公募することを進めている。「手を挙げる人なんて、うちの会社にはまずいません」と言われることが多いが、今まで、誰の手も挙がらずにプロジェクトがはじまらなかったことはない。高潔な目的で人を巻き込むのも、それに呼応するのも、立派なダイナモ力だ。

- **勇気と鈍感力**：自らのものの見方や行動が世間や常識からズレていることを気にせず、変人と認識されることを受け入れる度量は、ダイナモには欠かせない。ダイナモ同士の集まりでは、変人（世間一般の常識にとらわれない）であることを自慢し合うこともあるくらいだ。スティーブ・ジョブズのスタンフォード大学での有名な卒業スピーチは「stay hungry, stay foolish」で締めくくられた（https://www.nikkei.com/article/DGXZZO35455660Y1A001C1000000/）。stay hungry とは「現状に満足して歩みを止めるな。より先の未来を渇望し、追い求めよ」であり、stay foolish とは「世の中の常識に踊らされず、青臭く生きよ」という意味だろう。ダイナモは、「物分かりの良い大人」には決してならない。

- **共感力**：世の中をマクロ（かたまり）ではなく、喜怒哀楽に満ちた人々

の集合体としてとらえるのも、ダイナモの特徴だ。科学的な経営を志向するほど、対象市場を数字の集合体として見る傾向が強まるが、これからの時代には非常に危険だ。AIの時代に、数値の分析が無駄だと言っているわけではない。むしろその重要性は高まっている。しかし、合理的な数値が人を奮い立たせるわけではない。心を揺さぶるのは、数値の背後にいる人の喜怒哀楽にあふれた物語への共感だ。「僻地に独居するおばあちゃんの痛みを和らげて、笑顔を取り戻したい」から頑張れるのであって、「高齢者市場に、1万ダースの薬を売る」では、根源的な人の力は引きだせない。組織内の個にも同じことが言える。従業員一人ひとりに喜怒哀楽があり、物語がある。日本企業では、ひとたび目標が与えられると、メンバーは感情を入れることなく、粛々と行動することをよしとする全体主義的なマネジメントが広まってしまった。しかし、これでは外に向けても内に向かっても人の力は引きだせない。ダイナモは、一人ひとりの物語とその背後にある感情や経緯に目を向ける。それが、共通善に向けた目的づくりにも、自律性や自由意思に基づく人間主義的なマネジメントにもつながるからである。

- **越境する力**：自分の組織・業界・学問分野・国境を軽々と越えて、新しい組み合わせや知をつくりだすのも、ダイナモの特徴だ。昔であれば、職場での下積みを経て、チームのリーダーや、難易度の高い仕事による修羅場を体験しながら熟達レベルを上げ、地位を築く「垂直学習モデル（自分の専門分野だけを深く掘る）」が機能した。しかし、現在は、垂直学習だけの知識は、すぐ陳腐化する時代だ。何より自分がいる「垂直分野」が、明日にはなくなるかもしれないのだ。垂直方向だけの学習はリスクも高い。一方、ダイナモは水平学習に長けている。目的に向けて組織や企業の壁を越えて他者と繋がり、多様なものの見方や分野の異なる知識に触れ続ける。水平方向の知の広がりが社会への感度を高め、そのことで違和感をいち早く感じ取り、変革に向けた引き金を引くことがで

ダイナモのイメージ

ダイナモ：本来の意味は「発電機」。イノベーションや企業変革の実現に向けて、圧倒的熱量と行動力を伝播させながら、仲間を呼び込み協働する。　　　　　　　　　　筆者作成

きるのである。

- **知的奔放さ**：いたずらっ子のような好奇心と、それを言動に移す大胆さ。目的に向かったときの一途さ。そして、自らの志や夢を臆面もなく語る純粋さ。ダイナモの奔放さが受け入れられ、人の賛同や支持を集めるのは、それが個人的な利害や打算でなく、寛容、謙虚、思いやりという三つの心に基づく利他的な目的に向かっているからである。

これら九つのダイナモの行動様式は、ご覧いただいて分かる通り、日本

企業の現在の経営システムでは排除されるか、控えめに言っても歓迎されないものだ。「夢みたいなこと言ってないで、自分の仕事をしろ」、「やりたければ、成功する（儲かる）という証拠を示せ」、「空気読めよ」という一言で、ダイナモの行動は消されかねない。もちろん、ダイナモに、それをはねのける強さやしたたかさが備わっているのが理想的だ。スティーブ・ジョブズやイーロン・マスクなら一蹴するだろう（そもそも、その二人に抑止をかける人もいないだろうが）。しかし、第1〜2章で見てきたように、組織の同質化がもたらすダイナモへの抑止力は非常に強い。また、ダイナモは、多くの企業や組織で絶滅の危機にある。次の節で見る通り、大半のダイナモはすでに淘汰されたか、自ら組織を去っているのだ。

5 ダイナモはどこにいるのか

　ダイナモは典型的な日本の企業や組織では生きづらい存在であり、その数を減らしてきたのは第1〜2章で見てきた通りだ。ダイナモが本当に絶滅したのではないかと思わせる、停滞ムードの強い組織も散見される。では、ダイナモは日本からいなくなったのかと言えば、そんなことはない。旧来型の企業がダイナミズムを失っている一方で、起業家たちが発するメッセージには共感が集まり、ダイナモたちが吸い寄せられているのだ。筆者が直接会ったり、ビジネス関連のメディアで取り上げられている人のなかでは、たとえば以下のような人達が、ダイナモと言えるのではないか。ミドリムシの研究で世界を救うユーグレナの出雲充氏、人工流れ星で高層大気を研究する ALE の岡島礼奈氏、石灰石で紙やプラスチックの代替素材を開発する TBM の山﨑敦義氏、すべての人の移動を楽しくスマートにする WHILL の杉江理氏、世界に通用する IoT プラットフォームを開発するソラコムの玉川憲氏、「農業 × ANY ＝ HAPPY」を提唱するエムスクエア・ラボの加藤百合子氏、太陽のように輝く産業を100社つくるという

SUNDREDの留目真伸氏、日本の伝統を次世代に繋げようと考え、企業名「和える」を設立した矢島里佳氏などだ。

　優秀な学生のなかには、最初から起業をめざし、また、将来の独立に備えて伸び盛りのベンチャーに就職するケースが増えている。日本は大手企業に優れた人材が集まり過ぎているという指摘もあるから、そのバランスが是正されるのは良いことだ。しかし、大企業や伝統的な組織には、まだまだ将来有望な若手が数多く集まってくる。今日の企業停滞の問題は、ビジネスパーソンが自ら持てる能力の半分も使うことなく、組織や上司のための「クソどうでもいい仕事（ブルシットジョブ）」に時間と才能を浪費していることにある。いつしか、それが重要な仕事だと思い込み、挑戦や学習を忘れた従順な人材をつくり続けているとしたら、何とも罪つくりではないか。

　もちろん、ダイナモ＝優秀な学生とは限らないが、強い目的意識、リスクを取る勇気のあるミレニアル、Z世代層の「若きダイナモ」のボリュームゾーンが、大企業から流出していることは確実だろう。伝統的企業のダイナモのパイプラインは、確実に細っているのである。

　ここで、あらためて伝統的企業からダイナモが消えた理由を整理してみよう。ダイナモが挑戦の機会や場を通じてその素養を磨き、育つとすると、次のような問題が浮かび上がる。

- 企業全体の問題
  魅力あるプロジェクトをつくれない（経営のテーマ、質の問題）
  なぜか？　→　企業の目的（存在意義）を真剣に追求していない
  なぜか？　→　社会変化や顧客に向き合わなくなった
  なぜか？　→　内向き志向が強まり、外部に学ばなくなった
  なぜか？　→　人づくりをする余裕がなくなり、すぐに成果を求める

なぜか？　→　業績が振るわず、目先の収益改善で手一杯になった

その結果、短期成果に目を向けた活動しかしない（近視眼的な経営）。

- トップの問題

魅力あるプロジェクトをつくれない（リーダーの覚悟の問題）

なぜか？　→　ボトム＆ミドルアップとトップダウンの融合が図られなくなった

なぜか？　→　権限をトップに集中させ、部下に裁量を与えなくなった

なぜか？　→　異分子を排除し、同質化を進めた

なぜか？　→　組織の外で起きていることを知ろうとしない／学ばない

なぜか？　→　耳障りな人（ご意見番）、気骨のある人／尖った人をうとんじた

なぜか？　→　人づくりに投資しなくなった（ケチになった）

その結果、リーダーの謙虚さが失われた（リーダーシップの劣化）。

- ミドルの問題

魅力あるプロジェクトをつくれない（ミドルの気概の問題）

なぜか？　→　生産性ばかりを求められ、効率化にしか目がいかない

なぜか？　→　説明できないことはやらない（挑戦はしない、させない）

なぜか？　→　金の使い方が分からない（学んだこともない）

なぜか？　→　間違ったカタチでリーダー育成された（失敗しない人の集まり）

なぜか？　→　トップに忖度する（本音を言うと外される）

なぜか？　→　ハラスメントを恐れて部下育成に及び腰になった

その結果、責任感と勇気の欠如（ミドルの事なかれ主義）に。

- 若手の問題

  魅力あるプロジェクトをつくれない（若手の行動力の問題）

  なぜか？　→　学習意欲は高いが、主体的な行動に結びつかない

  なぜか？　→　失敗を恐れ、ついつい効率よく正解を探す

  なぜか？　→　成功（失敗）体験が少ない

  なぜか？　→　損得で動く

  なぜか？　→　承認欲求が強い

  その結果、行動力の弱さ（頭でっかちの若手）に。

　ダイナモが出現しないのは、自社の存在価値（企業の目的）を再確認しようとしない企業姿勢に一因がある。SDGsや社会イノベーション、デジタル・トランスフォーメーションの必要性は経営者の耳には届いているものの、目先の業績には寄与しないため、なかなか本腰を入れた取り組みに至らない。そうこうしている間に世界との差は開き、ダイナモ素養のある人たちは沈滞（あるいは流出）し続けている。したがって、「強いダイナモ」の多くは起業やベンチャーに流れ、伝統的企業にいるダイナモの多くは、「ダイナモ予備軍（ダイナモの素養はあるが、自らの一歩を踏み出すに至ってない若手）」だというのが、私たちの仮説だ。

6 ダイナモを育てる

　では、ダイナモ予備軍をどう育て、変革を牽引していくのか。すでにヒントは出てきているが、それを論じる前に、ダイナモを育て、輩出してきた日本企業をいくつか見ていこう。創業から現在に至るまで、長きにわたってダイナモ輩出企業として存在感を放っているのがリクルートだ。チャレンジ精神と行動力に満ちたダイナモは、数多くのイノベーションを生みだし、経営危機を乗り越え、デジタル化時代にもいち早く対応した。

その原点を探ると、創業者である江副浩正氏の言葉、「自ら機会を創り出し、機会によって自らを変えよ」に行き当たる。長く在籍することよりも、独立起業することを尊び、そして退職後も交流を積極的に持つ同社の文化（退職者を「卒業生」と呼び、良い関係性を保つのは有名な話だ）を醸成してきたことが、ダイナモを育んできたのだ。誰しもが生まれながらの起業家だったわけではないだろう。ダイナモ要素は、後天的に培うことができるということが、リクルートを見るとよく分かる。

COLUMN ｜ 江副浩正氏が新入社員に贈った言葉

1. 君はピカピカの新入社員として注目されている。注目されている間は大きな機会が開かれていると考え、自ら積極的に働きかけよ。時が経ち注目されなくなってから働きかけても、周囲はなかなか振り向いてはくれない。

2. 学校と企業とは全く別の世界と考え、今日を区切りとし、今まで学んだことはひとまず棚上げし、一から学ぶ姿勢を持て。企業において「失敗は成功の母」という言葉ほど教訓に満ちた格言はない。1度失敗すれば2度と同じ失敗はしないものだ。失敗を恐れぬ勇気を持て。ブリっ子よりダサい人間の方がよく伸びる。

3. 新入社員は会社にとっては扶養家族である。一日も早くなくてはならぬ人間になって欲しい。会社が君に期待しているのは、我々の共同の目標に対して君が自ら進んで貢献することだ。それも「まあまあ」、「ほどほど」といったレベルではなく、精一杯の貢献である。

4. 目標を大きく持て。志が小さければ人間も小さくなる。この会社の社長になるという志を持ってもらえれば嬉しい。そういう人間が多ければ多いほど良い会社になる。社長は勿論女性でもいい。女子社員もこの会社を結婚までの仮の住まいといった考えを持たないで欲しい。ドラッカーいわく「人はその掲げる目標までしか伸びない」。

5. 今日すべきことは明日に延ばすな。明日に延ばすことは人に迷惑を掛けるか、機会を逸するかのどちらかである。総ての仕事をその日のうちに片づけ、毎日空身となって眠れ。明日になって何をするのかを考えるのではなく、良い明日とする為に今日何をどこまでやるかが大切なのである。

6. 上司・先輩の話を聞くときは鵜呑みにするな。質問を心がけよ。疑問を持ち、議論をし、そして理解出来ればそれは間違いなく実行出来る。会議に列席すれば必ず発言すべし。意見がなければ質問でも良い。会議で一言も発言しない存在感の薄い人間になるな。

7. ビジネスは busy（忙しい）と ness（事）の結合語である。ビジネスマンは忙しい人。永いビジネスマン生活で大切な事は健康管理である。身体の調子が悪ければ気力も萎える。朝10分早く起きて朝食を必ずとること。室内ゲームよりスポーツを。それも汗の出るスポーツを。思いっきり汗を出せばストレスはすべて解消。

8. 企業は人生の学校である。あらゆる場面で向上心を失わないでいること。君自身の成長はいかなる場面でも君自身の姿勢と努力の結果である。周囲は君に対して刺激を与えるに過ぎない。至るところに師を見つけよ。論語にも「3人行けば必ず我が師あり」とある。

9. 社内だけではなく社外に友を持て。外飯、外酒を心がけよ。

同窓会には努めて出席せよ。社内だけしか通用しない人間になるな。良き社員であると同時に良き社会人であることを心がけよ。

10. 君は近いうちに気の合わない人間に出くわすだろう。あいつとは気が合わない、あの人はどうも苦手だ、等という心を持つことは自分の居場所を狭くする。誰に対しても「彼も人なり、我も人なり」と、広い心を持って接するように。

11. 君はいつか、仕事や人間関係に於いて失望したり、落胆することがあるだろう。失望と落胆とは長い人生につきものである。大事なことは、失望を希望に、落胆を奮起に変える、人生に対する前向きの姿勢である。いつもピンチをチャンスに変える努力を重ねれば、君の熟年時代は素晴らしいものになるはずだ。

12. 君は隠れた大きな力の持ち主である。まず君自身が持っている隠れた力を自覚することだ。そしてその力をいかに表に出すかである。問題は勇気である。勇気を出せ。いつの場合も引っ込み思案は敵、積極果敢は味方。

（江副浩正氏がリクルートの新入社員に贈ったとされる激励文より）

同様に、井深大（ソニー）、本田宗一郎（ホンダ）などのプロデューサー型リーダーに率いられた昔の日本企業の組織には、ダイナモ輩出の匂いが感じられた。プロデューサー型のリーダーは、自らが起業家であり、価値創造の実践経験を有している。幾多の失敗や挫折を乗り越えて、顧客を感動させ、社会変革を実現した者が味わえる喜びを知っている。彼らの知識創造は、大きな目的に向かった心と頭脳の密接な連関によりもたらされてきた。燃えるような情熱や負けん気が推進力となり、頭脳のフル回転を呼び起こすことで、不可能を可能に変える物語をつくってきたのだ。

図表 4-4

プロデューサー型リーダーとは

ソニー・井深大氏の例
「トランジスタを使ってラジオをつくってみよう」——1948年世に公表された未知のデバイスに可能性を見た創業者の井深はそう決断すると、さっそくウエスタン・エレクトリック社と契約を交わした。しかし、特許は公開してくれるものの、実際の開発・製造はソニーが独力でやらなくてはならないというものだった。1954年、井深の決断を受け、当時35歳でトランジスタ開発のプロジェクトリーダーに自ら志願した岩間（和夫）はトランジスタ研究のために渡米（した）。 （ソニーのコーポレートサイトから、https://www.sony.co.jp/SonyInfo/CorporateInfo/History/capsule/12/）
任天堂・岩田聡氏の例
「ゲーム人口の拡大」という岩田社長の言葉の下で、徐々に Wii のコンセプトは形作られました。しかしそのコンセプトは、「家族皆で、リビングでゲーム」「お母さんに嫌われないゲーム（コンパクトで配線が目立たない、リビングを散らかさない）」といったように、当時、中高生男子のゲーマーがメインターゲットとなっていたゲーム市場では、常識ハズレで考えられないものでした。あまりにも斬新だったのです。 （玉樹真一郎氏、ITmedia「任天堂 Wii 開発回顧録 〜岩田社長と歩んだ8年間〜」から、https://www.itmedia.co.jp/business/articles/1605/20/news024.html）
日産自動車・増田譲二氏の例
日産リバイバルプランの主要施策の一つ、購買改革の方策であった3-3-3 活動の実行責任者兼「CFT（Cross functional team）Pilot」として、購入品原低活動で中心的な役割を果たす。コストダウンではなくコストエンジニアリング活動として推進し、突破口を求め、猛反対のなか、新車開発を1カ月間中断させ開発部門全員で原価低減をやるという奇策などにより、3年間で20%削減という目標を2年で達成。経営危機から脱出させた。 （元日産自動車 VP 執行役員の増田譲二氏と筆者が直接にやり取りした内容より）

　彼らは自らがロールモデルとなることで、仕事への取り組み姿勢・考え方（哲学）・困難突破の具体的方法に至るまで、部下に範を示してきた。

　プロデューサー型のリーダーはまた、部下の創造力をかき立てるプロジェクトテーマの設定が巧みだ（図表4-4）。ハードルの設定が絶妙で、かつ高いのである。知の総動員なくして成功はおぼつかない。むろんお金もかかるし、リスクも承知の上である。しかし、リーダーが揺るぎない覚悟を示すことが、メンバーを奮い立たせることを、彼らは熟知していた。

　ダイナモになるには、既存のメンタルモデルを打ち破る勇気と行動力を兼ね備える必要があり、企業はそれを促進しなくてはならない。ある欧州の多国籍企業では、ゲイリー・ハメル教授（ロンドン・ビジネススクール

客員教授）が提唱した「職場での人間力のヒエラルキー」モデルが用いられている（下記参照）。官僚的な組織風土に起業家精神を吹き込み、新たなことを仕掛けられる人材を育てるのが目的だ。

社員の職務能力の階層（Hierarchy of Human Capabilities at Work）
レベル6：情熱
レベル5：創造性
レベル4：イニシアティブ（自発・率先）
レベル3：専門知識
レベル2：勤勉さ
レベル1：従順さ
（『What Matters Now』Gary Hamel より）

ゲイリー・ハメル教授によれば、レベル1から3までの人材は、比較的容易に集められる（コモディティ化している）が、レベル4から6は集めるのが難しい（起業家マインドに富む人材は官僚組織から逃げだしてしまう）ばかりでなく、教えられないスキルだというのだ。ちなみに、筆者が話をうかがった多国籍企業におけるリーダー登用の基準は、「会社のために仕事をする人」でなく、「社会のために仕事をする人」である。

　こうして見ると、まず、企業の目的（存在意義）に立ち返った旗（アイデンティティ）を立て、骨太なプロジェクトをつくることが大切だ。ダイナモを駆り立て、活動する場や機会をつくるのだ。公募することで、純度の高いダイナモが見分けられる。わざわざ手を挙げてリスクあるプロジェクトに応募してくるのは、間違いなくダイナモ要素の高い人たちだ。そして、そのプロジェクトは、外に開かれているべきだ。目的に共感した外の異質の知との交配が新たな知を生み、ダイナモを成長させる。
　立てる旗は、自社の利益に関することだけではダメだ。複雑化する社会

問題や顧客の困りごとをいかに事業として解決するかなどの、共通善に基づく旗でなければ、ダイナモは呼応しない。こうなると、企業独自の知識やノウハウだけでは手に負えないから、プロジェクトは自社にない知を持った外の仲間と手を組んだ総力戦にならざるを得ない。これが、場を外に開き、ダイナモの目を開かせ、知を組織に還流させることになる。

旗を立てるのは、伝統的には経営者の役割だったが、今日では旗を立てる力はトップだけではなく、ミドルや若手のダイナモにも必要とされる。トップはむしろ、ミドルや若手が旗を立てることを積極的に促し、筋の良さそうな旗手に活動をけしかけることが役割となる。本当に自社を変えたければ、顧客や社会を良い方向へ導くという大義が必要だ。それに呼応するダイナモを発掘し、場や機会をつくり、プロジェクトを起こすことができるかが、企業経営の成否に直結することになる。

７　ダイナモになるには

資生堂の福原義春名誉会長が『会社人間、社会に生きる』（中公新書）を出したのは、2001年だ。また、最近では、「『会社人』であることをやめて、『社会人』にならなくてはいけない」と、新産業共創スタジオを主宰するSUNDREDの留目真伸社長も指摘している。これは、まさにダイナモ的な発想だ。会社で通用するスキルがいくら高くても、社会で通用しないようでは、本当の「社会人」とは言えない。知識社会の「社会人」とは社会の課題に焦点を当て、その解決に主体的に貢献し、社会と価値交換をして生きていく人のことだ。社会や顧客に貢献しているから対価がもらえるはずなのに、「会社人」は往々にしてそのことを忘れ、「会社に給与をもらっている（サラリーマンの語源だ）」と思いがちだ。社会ではなく「会社のため」や「部署のため」、「上司のため」に仕事をするようになったら、それはあなたが社会人でなく会社人として生きていることの証だ。

社会人たるダイナモは、組織に媚びることはしない。企業活動の原理原則に立ち返り、絶えず外に眼を向ける。社会のゲンバに飛び込み、対象者に共感する。時には状況の深刻さに心を痛めながらも、すぐに解決への情熱を燃やしはじめる。独自の視点で問題を知覚し、解決への道筋を仮説化し、仲間を増やしながら侃々諤々議論し、自分の思いを自分たちのコンセプトに高め、チームの活動をリードする。活動をはじめる人だけが、ダイナモではない。"善い"目的に呼応し、飛び込み、一緒に動く仲間も立派なダイナモだ。最初の一歩を踏み出せば、あとは仲間や機会があなたの中のダイナモを呼び起こす。だから、ダイナモは後天的なのだ。

　ダイナモになるために重要なことは、革新の最前線を体験することだ。変化はどのようなカタチで成し遂げられ、リーダーはどのような生き方と行動をしているのか。具体的な事象の体験とロールモデルとの対話を通じて、自らの役割を描いてみる。それは同時に、自らの生き方を決めることでもある。「一歩を踏みだせ」とは使い古された表現だが、ダイナモになるのは、「自らの思い、信念に基づいて生きる」と決めた瞬間だ。

❽ ダイナモ組織をめざせ

　読者が経営者、管理職、若手のいずれの層にいても、第1章で描かれたような停滞した組織を、未来のある、顧客や社会に価値を届け、人がいきいきと働き成長する組織にしたいのであれば、自らが変革主体となる覚悟と行動が求められる。「経営変革なんて、経営者の仕事だろう。そもそも、ここまで悪くなったのは経営者の責任じゃないか」と思った管理職／若手の方は、おそらくダイナモになる準備ができていない。過去への他責の視点でなく、未来への自責の視点で考え、行動するのがダイナモだ。

　ただし、官僚化の進んだ組織をダイナモ組織へと変革するには、並々ならぬ情熱と労力が必要となる。それは、新しい価値を生みだし顧客や社会

に届ける活動と、そうした活動が経営の中心に置かれるよう経営のプリンシプルを入れ替え、新しい常識で組織が動くようになることがゴールだからだ。そして、その変革は、経営者だけでも、管理職だけでも、若手だけでも絶対に成し遂げることはできない。「啐啄同時」という禅の言葉がある。「啐」は雛が内側からたまごの殻をつつくこと、「啄」は親鳥が外側から殻をつつくことを指す。親鳥と雛のタイミングが共鳴することで、雛がこの世に誕生するように、ダイナモ組織への変革は、志ある経営者、管理職、若手が呼応し合い、密接に連携することで、はじめて進められるのだ。三者には、それぞれ異なる重要な役割がある。

・経営者ダイナモの役割：

　　　自分の任期だけでなく、次世代（次の社長ではなく、自分の子供の世代が経営者になる頃）を想像して、そこから今、何をすべきかを考える。そうすれば、オペレーション（既存事業の維持）だけでなく、イノベーション（社会価値と事業の創造）を行って、はじめて経営者の責務が果たされると分かるはずだ。そのためには、「意思決定が経営者の仕事」という考えをいったん脇におき、「若きダイナモを発掘し、行動の場や機会と自由度（裁量）を大胆に与える」ことこそ、経営者にしかできない尊い責務と考えることだ。第1章にも登場した中山こずゑ氏は、横浜市文化観光局長時代にインバウンドや観光客を呼び込む仕掛けを次々と展開した。そのなかに「横浜セグウェイツアー」の実現がある。大さん橋、赤レンガ倉庫、汽車道など横浜の観光コースをセグウェイで90分かけて周る人気のツアーだ。セグウェイという「自動車でも自転車でもないもの」を公道で走らせるまでには、クローズな環境（横浜八景島）での実証実験からはじまる、長い年月をかけた、さまざまな規制や障害を乗り越える苦労があった。その背後にある中山氏の哲学は、「自分ではなく、次の世代のために良くしたい」という思いだ。

次の世代に向けた価値を考えだすと、自社の目的を再定義したり、どの社会問題の解決に貢献すべきかを設定したりしたくなるはずだ。自分だけで決める必要はない。目的の再定義や社会課題の設定をする場をつくり、関心ある社員に議論と判断をしてもらえばよい。若い世代を動機づけるのは、共通善に向けた目的であることを忘れずに、そうした活動に、全精力を傾ける姿勢を示す必要もある。経営者の本気度は、社員に簡単に見抜かれる（本気であっても、形式的であっても）ことを忘れてはいけない。

　そして、とびきりの管理職ダイナモ、若手ダイナモを探しだそう。ダイナモは伝播する。ファーストペンギン（集団の中で最初に海に飛び込むペンギン）は尊いし、今のあなたの組織では（おそらく）とても希少だ。ダイナモ的な行動を大いに褒め称えよう。それが、セカンドペンギン、サードペンギンの出現を早めることになる。

　若手ダイナモが行動しはじめると、さまざまな障害に直面する。その障害を取り除き、ときには障害となっている人（クルーザー管理職であることが多い）に直接働きかけるのも、経営者ダイナモの大切な役割だ。

・管理職ダイナモ：

　組織に蔓延する「被害者意識」を捨てて、部署やチームの意識を「社会を良くする・共通善」に向かわせよう。業務でできなければ、志ある若手が実験や冒険をする余白をつくろう。ボトムアップでアイデアを募り、時間を与えて自由にやらせてみよう。そして、そこで出たアイデアや提案をできる限り経営や事業に活かすことにコミットしよう。それは、会社や若手本人のためだけではない。人生100年時代の社会に通用するあなた自身のマネジャーとしてのキャリアづくりでもあるのだ。

　現場で働く一人ひとりに裁量と権限を与え、自由な発想と多様な知

との結びつきを奨励しよう。特に、外へ出て、他流試合をすることを奨励しよう。時には、強めに背中を押そう。

とびきりの若手ダイナモを探しだし、場や機会を提供しよう。そのダイナモの挑戦や行動を「これこそ未来を創る行動だ」と部署で、チームで、褒め称えよう。

・若手ダイナモ：

自らの志や問題意識、感性を研ぎ澄まし、動いてみよう。会社の中だけでなく、外と繋がり、新たな機会を求め、仕掛けてみよう。同じように感じている仲間を見つけて一緒に動こう。そして、会社に隷属する「失われた30年」の働き方は、自らの駆動力を落とし、潜在力を失わせる残念な働き方であり、真似する必要はないと肝に銘じよう。自分の人生のパイロットは自分自身であり、会社が守ってくれるわけでも、そもそも会社がずっとあるかどうかも分からないという前提を持って、日々動こう。時代をつくるのは、いつだって志と行動力を持った若きダイナモなのだから。

経営者ダイナモ、管理職ダイナモ、若手ダイナモが啐啄同時で進める、ダイナモ組織への変革は、どのように着手し、進めていくべきか。筆者のこれまでの実体験を交えた「ダイナモ革新の道筋」を次章で提示する。

181

エクササイズ4：
あなたの回りのダイナモを探そう

問．あなたの組織には、まだダイナモがいるだろうか。機会があればダイ
　　ナモになりそうな、「ダイナモ予備軍」はどうだろうか。以下のダイナ
　　モの行動様式を振り返りながら、あなたの回りのダイナモを探してみよ
　　う。

- 目的に尖る：共通善（世のため人のため）に向けた大志にあふれている
- 行動主義：フットワーク軽く現場、本場に足を運び、行動から学び、ネ
　ットワークを築く
- 可能性主義：できない理由でなく、できるかもしれない可能性に重きを
　置いて考える
- 圧倒的熱量：とにかく熱く、難しそうなこともできると強く信じている
- 巻き込み力：思いを伝えながら、人を感化させ、仲間にする
- 勇気と鈍感力：「常識や前例」から自分の視点や行動が異なっていても、
　気にしない
- 共感力：一人ひとりの喜怒哀楽に心を寄せ、相手の身になって感じる、
　考える
- 越境する力：組織、業界、学問分野、国境などを軽々越えて、新しい組
　み合わせをつくりだす
- 知的奔放さ：いたずらっ子のような好奇心の強さと、それを言動に移す
　純真さ

問．あなたには、どのダイナモの行動様式が当てはまるだろうか。あなた
　　自身は、どんな目的に尖った行動をしたいだろうか？

第 5 章

ダイナモ革新の道筋

Roadmap for Dynamo Revolution

❶ ダイナモ革新のステップ

　官僚的組織から知識創造組織へとプリンシプルを入れ替え、「ダイナモが育ち、活躍し、新たな価値を創造し続ける組織」への変革を、ここからは「ダイナモ革新」と呼ぶ。組織のなか、個の心のなかに眠る「ダイナモ」を共通善に根ざした目的で呼び起こし、彼らの行動力、考動力を引きだしながら、知識創造的に仕事することが当たり前になるように、経営システムを整えていく。つまり、ダイナモ革新自体が、新しいプリンシプルに基づいて行われる。

長期の視点（原則）に基づく利他的な目的を掲げ、	（原則②、①）
試行錯誤の場やプロジェクトをつくる。	（原則③、⑦）
そこに自ら思いを語るダイナモが集い、対話や実践を通じて	（原則⑥）
「個の思い」を「皆の共通目的」に高め、	（原則⑤）
実践的判断を繰り返しながらプロジェクトを実行する。	（原則⑨）
活動はつねに外のエコシステムと繋がりながら行われ、	（原則⑩）
多様な視点が確保される。同様の活動が次々と生まれ、	（原則⑧）
創造的な働き方を後押しするよう経営システムを整えることで、	（原則④）
知識創造のプリンシプルに基づく組織に生まれ変わっていく。	

　従来の企業・組織変革のアプローチは、組織の現状を調査し、問題を明らかにした上で処方箋をつくり、それに従って処置を施す「ドクターモデル」が主流だった。組織を患者や不具合のある機械と見立てるわけだ。しかし、このモデルは、必ずしも大きな成果を出したとは認識されていない。組織行動論の権威、フェファーとサットンの共著、『なぜ、わかっていても実行できないのか』にあるように、変革の問題は「知識と行動のギャップ」（知っていてもやらない、できない）にあるからだ。やるべきことを

教えてもらうだけでは、うまくいかないのだ。一方、「問題は現場の人間の側にある」と考え、職場風土に焦点を当てて、ミクロレベルでコミュニケーションを改善するという手法も、対症療法的な手当てに留まり、成果は限定的な場合が多い。

　一方で、ダイナモ革新は、これらとはアプローチが異なる。企業や組織を機械ととらえて、故障箇所や構造を変えようとするのでなく、人間（ダイナモ）の意思や能力によって、行動や実践から変えていく躍動が核となる。企業をマクロにも見るが、ミクロからも積極的に個の能力や知識、思いに焦点を当てて、そこに立脚して組織をよみがえらせていこうというものだ。

　これは、サッカーのコーチが、ポジションに悩む選手に無理な役割を押しつけるのではなく、本人にふさわしいこととチームにとってふさわしいことの接点を見いだし、そこに向けて試行錯誤的に小さな練習からはじめて、大きな変化と戦略をもたらそうというアプローチにも通じる。そのとき、私たちは、人間をピース（部品）としてではなく、有機的で、目的と意図を持ち、あるゴールをめざして進化していく、実存的な存在として見ている。たしかに経営システムも変えるが、それは人の行動を後押しするためであって、システムに人を従わせるためではない。

　さて、ダイナモ革新の基本的なステップは、以下の通りだ。
　Step 0　　自らの立ち位置を知る
　Step 1　　旗を立て、ダイナモを集める
　Step 2　　コトを起こし、オオゴトにする
　Step 3　　新プリンシプルを経営システムに埋め込む
　Step 4　　旅を続ける

　Step 0は、自社の立ち位置と問題、向かうべき方向が分かっていれば、省くことも可能という意味合いで「0」としたが、実際にはほとんどの組

ダイナモ革新のステップ

Step 0	Step 1	Step 2	Step 3	Step 4
自らの立ち位置を知る	旗を立て、ダイナモを集める	コトを起こし、オオゴトにする	新原則を経営システムに埋め込む	旅を続ける
・ダイナモ経営者とリーダーでタッグを組む ・自組織の感情、文化を可視化する ・世界の最先端に学ぶ	・旗を立てる ・公募でダイナモを集める	・プロジェクトをつくる ・顧客や社会の困りごとに自らの身を置く ・新しいレンズで社会を見る ・知識創造プロセスを活性化する ・エコシステムとして活動する ・プロジェクトを社内の関心事にする	・知識資産を棚卸しする ・共創の場をつくる ・新たな評価と場を導入する ・ダイナモを育成する	・祝杯を上げる ・変革マネジメントをし続ける ・ダイナモとして生きる

筆者作成

織がここからはじめることになる。為すべきことが分かっているならば、とっくに革新をはじめているはずだからだ。まず、「最小限の推進体制」として、ダイナモ経営者とダイナモリーダーという二人の登場人物が必要となる。「自社の立ち位置を知る」には、自社の現状把握だけでなく、広く世界を見ることも含まれる。地球規模で何が起きていて、自社で解決すべき課題は何なのか。デジタル・トランスフォーメーション（DX）をはじめ、自社を取り巻く技術や社会変革の最前線では何が起きているのか。世界最先端に学ぶことで、はじめて自社の立ち位置を正しく把握し、ありたい方向性や解きたい課題を明確に設定できる。問いの立て方に工夫が必要である。

　たとえば、変革リーダーにあなたが任命されたとしよう。DX の時代だからという理由で、大勢の仲間が働く既存事業を破壊できるだろうか？そんなことをしたら各方面から猛反発を食らうのは必至だ。イノベーションは正論だけではできない。どのようなプロジェクトにするかは、大胆さと思慮深さがが求められる。まさに "cool head but warm heart（冷静な

頭脳と温かい心）"が必要とされるのである。

　Step 1は、革新プロジェクトの方向を示し、それに呼応するダイナモを募ることだ。旗は「自社が儲かる」だけではなく、「世の中を良い方向に変えるため、私たちはこれをする」という共通善の要素が大切となる。ダイナモの心を揺さぶる旗をデザインすることは、簡単ではない。どのような目的で旗をデザインするか。そして、その旗をどのように掲げ、ダイナモを集めるかを中心に解説する。

　Step 2では、集まったダイナモと一緒にプロジェクトを立ち上げ、実際の活動を行うことになる。これを成功させられるかが、ダイナモ革新の大きな難所となる。最大の障壁は、外部との関係や技術的なことよりも、組織の中にあることが多い。いかに薪をくべ続け、プロジェクトの火を絶やすことなく、最初の成果に結びつけるか。その火の手をどのタイミングで、いかに組織全体に広げていくかが鍵となる。

　Step 3では、いよいよ新たなプリンシプルを経営システムに埋め込んでいくことになる。社員の行動変容をうながす、「ダイナモ的に働きたくなる、働かざるを得ない」環境づくりを行う。筆者はこれを「行動環境改革」と呼んでいる。日本では、大規模なシステム導入（組織スリム化やBPR、ITプラットフォーム化、人事評価制度など）からはじめる組織変革が多いが、これは滅多なことでは成功しないというのが私たちの経験則だ。Step 2までに変化の流れをつくった上で、その後に仕組みやシステムを整えて、社員と経営者の行動変容をうながす方が成功率も高く、かつ前半に膨大な投資をしなくてすむという意味でリスクも小さく、軌道修正のきく変革になる。

　Step 4は、新たなプリンシプルで経営をし続け、本当の意味で変化を常

態にしていくことだ。組織の慣性とは恐ろしいもので、新たな価値観ややり方が根づいたかと思ったら、人の入れ替わりや戦略の変化など、ちょっとしたきっかけで、あっという間に元の状態に戻ろうとする力学があると心得た方が良い。

それぞれのステップについて、推進に役立つ実践的な方法論やヒントも交えながら、解説していきたい。

❷ Step 0　自らの立ち位置を知る

ダイナモ経営者とダイナモリーダーのペアからはじまる

「はじめに、二人の勇者ありき」。ダイナモ革新をはじめる最小単位は二人だ。最終的には組織全体に火の手を広げていくのであるが、最初の芽は、変革の必要性を信じる「変革意思のあるダイナモ経営者（社長とは限らない）」と「ダイナモリーダー（入社2年目の若手であることも、課長・部長など管理職であることもある）」のペアから生まれる。したがって、もしあなたが変革をめざすリーダー（若手から管理職）であれば、変革意思のあるダイナモ経営者を、あなたが経営者であれば、変革に燃えるリーダー役を探し、タッグを組むことからこの旅ははじまる。これが最小単位である理由は、自分ごととして変革を牽引する人と、活動を守り抜く経営者の両方が絶対に必要だからだ。もちろん、仲間は二人より多くてもよい。ただし、熱量の乏しい人を増やすぐらいなら、最初は二人ではじめた方がよいだろう。

ダイナモ革新をはじめる際の原則は、「燃やせるものから燃やせ（火をつけろ）」だ。新たな企てをはじめる時点では、クルーザーが好きな「成功のエビデンス」などどこにもない。様子見を決め込む相手を説得する材料も時間も、ダイナモにはない。それよりも、熱い仲間だけで作戦を練る方がはるかに効率的であり、建設的だ。

変革リーダーが直面する悩みに、「直属の上司や役員が革新の必要性を理解してくれない、現業優先で耳を傾けてくれない」というものがある。結論から言うと、ダイナモ革新前夜に、物わかりが悪い経営者を説得できる可能性はほとんどない。ダイナモ経営者が直属の役員である必要はない。組織図で斜め上でも、上の上の役員でも構わない。仲間になってくれる経営者を一人探すことだ。経営者にアクセスがない場合は、仲間になってくれる管理職を探し、一緒に経営者を探すことからはじめることになるだろう。どんな冒険の旅も、最初は仲間探しからはじまるのだ。

自組織の感情・文化を可視化する

あなたは、自分の所属する組織が革新をめざすにあたり、どのような状態にあるか、どのくらい知っているだろう？ たとえば、以下の質問に答えられるだろうか？

- 組織はどの程度、沈滞化／活性化しているか。それはなぜか。
- 組織は新たな活動や挑戦を奨励しているか。できていないとすると、それはなぜか。
- 変革業務と創造的業務の割合はどの程度か。それは組織や階層によって同じなのか、異なるのか。

組織変革の難しさは、見る角度によって課題の形が異なることだ。「群盲象を評す」というたとえもあるが、組織課題は無形であるため、何を課題ととらえているかは人によって千差万別というのが普通だ。しかし、ダイナモ革新をはじめるにあたり、自社の立ち位置、課題認識を共有することはきわめて重要である。つい、「ありたい姿（ビジョンやゴール）」や手段から議論をはじめたくなるが、その前に「自社の不都合な真実」を直視すること、そしてそれを組織内で広く共有する必要がある。共通認識ができていないと、「ただでさえ現業で忙しいのに、なぜ変革が必要なのか」という反発や抵抗に負けてしまうのだ。また、行き先（ビジョンやゴー

ル）だけでなく、出発点が分かっていないと、完全な手探りではじめることになり、不安だらけの航海となる。これはお勧めできない。

　組織課題の可視化には、社内アンケートや職場観察、インタビュー（経営層、管理職、若手中堅層ごとに実施）、ステークホルダー調査（顧客やサプライヤーが自社をどう見ているか）など種々ある。筆者は長年にわたり、日本企業約100社にナレッジオーディットを行ってきた。社員アンケートと経営者インタビューから構成され、第1章で使用した調査データ（巻末に詳細報告書を掲載）には、ナレッジオーディットの質問（SECI調査を含む）が一部、使われている。数多くの経営者が、自社の不都合な真実を目の当たりにして、変革実行を決意した。「モヤモヤと感じていた組織の課題をデータでビシッと見せる」ことは効果的なのだ。

　大切なのは、調査をするだけでなく、その調査結果を議論の題材として使い、「ウチの組織はこんな状態なのか」、「これは手を打たないとまずい」という危機意識と変革の機運を高めることだ。これは、クルーザーが好きな「エビデンス」としても機能する。不都合な真実を共有するだけでは、クルーザーがダイナモに転じることは、ほとんどない。それでも、「変革を行う必要性」が示されれば、表立って反対することはしないだろう。ダイナモ革新を立ち上げるときの正当性を担保する上で、これは非常に重要な武器となる。

世界の最先端に学ぶ

　プリンシプルの入れ替えは難易度の高いチャレンジだが、前例はいくらでもある。また、自社が焦点を当てたい社会課題解決に向けた取り組みも、世界を見渡せば100も200もあるはずだ。事例はネットですぐ探せる時代になったが、便利なゆえにネット上の情報を読んで、いつの間にか「分かったつもり」になっていないだろうか？

　世界の最先端に学ぶことの意味合いは、「ベストプラクティスを文献で理解して、知識を増やす」ことではなく、「本物の変革リーダーに会って、

志の高さや実践の迫力に触れ、勇気と知恵をもらい、自分たちの覚悟を決める」ことにある。筆者は、日本企業の経営者、中堅リーダーとともに、欧米あるいはアジア諸国の先進的企業へのベンチマーキング訪問を、ほぼ毎年行ってきた。本書に載っている事例の多くは、訪問先で、変革リーダーから直接学んだものだ。「目からウロコ」という表現を、同行した各社の経営者や参加者から何回となく聞いた。実践者の本気度に触れて、「自分たちの考えがいかに甘かったか」に気づくことも多い。新型コロナウイルスの時代、海外はむしろオンラインで近くなっている。その気になれば、いくらでも実践者と直接、繋がれる時代だ。オンライン訪問も大いに活用すべきである。

　世界の最先端（それが変革事例であれ、技術革新の事例であれ）に触れることには、他にも多くの利点がある。変革の具体的イメージを膨らませられることも大きい。また、「どんなベストプラクティスも、最初から素晴らしかったわけではない」という、アタリマエの事実に気づくことができる。本書で出てきたSAPや富士フイルムの事例を聞くと「とても真似できない」と思うかもしれないが、そこに至るまでには苦労と長い道のりがある。筆者は富士フイルムの Open Innovation Hub の小島健嗣館長をはじめとするチームと十数年来のお付き合いがあるが、前身となる研究開発部門の改革のきっかけとなったナレッジオーディットを実施し、チームとグローバルなベンチマーキングの旅に出たのは、デジタルカメラが普及し、フイルムの売り上げが猛烈に下がっていた最中の2004年だ。Open Innovation Hub が開設されたのは2014年だから、独自のオープンイノベーションのスタイルを確立するまでに10年の道程を経ているのだ。

　ベンチマークは、どのようなステップで変革を進めたのか、そのプロセスも知ることができる。変革リーダーが異口同音に語るのは、「最初は何もなかった。今も成功しているとは思わない。これからも歩み続ける」ということだ。変革リーダーとの直接の対話からは、大きな勇気と示唆をもらえるのだ。

こうして、自社の組織課題と立ち位置、世界最先端の凄みと自社とのギャップを知り、変革の覚悟を決めたら、いよいよダイナモ革新の入り口に立ったことになる。

❸ Step 1　旗を立て、ダイナモを集める

旗（アイデンティティ）を立てる

Step 1は、まず、革新プロジェクトの「旗（アイデンティティ）を立てる」ことだ。ダイナモの利他的な心を鼓舞する共通善や大志に基づく旗でなければならない。そのためには、世界を広く見る必要がある。地球規模で何が起きて、自社が存在意義をかけて解決に関わるべき課題は何かを考える。自社に何ができるかという視点でSDGsの目標を見直すことももちろんだが、ちょっと調べるだけで、世の中には深刻な課題があふれていることにあらためて気づくはずだ（下の囲み参照）。

〔人の問題〕
・現在、7.7億人が1日1ドル90セント未満で生活しており、多次元的貧困層も13億人を数える。貧困から抜け出せなかったり、再び貧困に陥ったりしてしまうことには、居住する場所や民族、ジェンダー、機会の欠如など、幅広い要因が絡んでいる。（2016年 世界銀行）
・地球上で生産される食料全体の3分の1が廃棄されている一方で、8億2100万人が飢餓に苦しんでいる。（2018年 食糧農業機関）
・安全な飲み水にアクセスできない人は約21億人にのぼる。（2015年 世界保健機関）
・最も裕福な26人は人類の半数と同じ富を手にしている。（2019年）

・世界で約16億人が非公式経済で働いている。また児童労働に従事させられている子どもは約1.52億人にもなる。（2016年 国際労働機関）

・全世界で8億4000万人が電力を使えないほか、29億人は調理や暖房に固形燃料を利用し、家族を大きな健康上の危険にさらしている。

・女性と女児は、貧困層の中で不当に大きな割合を占めており、飢餓や暴力のほか、男性に比べて法的な権利や基本的な生活サービスを受けられないことも多い。

・世界では16億人以上が紛争による影響を含め、脆弱な状況で暮らしており、6億人の若者も含まれている。戦争や暴力によって家を追われた難民、避難民は過去最高の6560万人に達している。（2017年 難民高等弁務官事務所）

〔自然環境の問題〕

・二酸化炭素量の増加：2015年から2019年の5年間に排出された二酸化炭素量は、その前の5年間と比べて20%上昇。（2019年 WMO）

・2019年の世界の平均気温は、産業革命前の年代と比較して約1.1°C高かった。（2019年 WMO）

・世界の海面水位は過去100年間で10〜20cm上昇している。この10年の上昇率は1年あたり0.25cmで、2010年代で2.5cm上昇したことになる。（IPCC）

・生物多様性の豊かさを測る指標「生きている地球指数 (LPI)」によると、地球全体で、1970〜2016年の間に、脊椎動物の個体群は平均68%減少した。（WWF）

・次の世紀までに、鳥類の12%、ほ乳類の25%、両生類の少なくとも32%が絶滅すると予測されている。人類により引き起こされた絶滅速度は、自然状態の約100〜1000倍。（WWF）

・2019年夏、アラスカは600件以上の火災に見舞われ、焼失面積は

240エーカー（約9700平方キロメートル）以上に及んだ。シベリア
でも1300万エーカー（約5万2000平方キロメートル）にわたって
森林が焼けている。

・2016年からの2年間でグレートバリアリーフのサンゴの半数が白化
し死滅した。白化は海水温が異常に上昇した結果、サンゴに共生す
る色とりどりの藻が減ることによって起きる現象。白化したサンゴ
は多くの場合、やがて死に至る。

・2050年にはプラスチック生産量は現在の約4倍となり、それに応じ
た海洋へのプラスチック流出の拡大により、海洋プラスチックごみ
の量が海にいる魚を上回る。（世界経済フォーラム）

　ダイナモ革新の旗は「何が善か」という哲学的な視点を持ち、自らの仕
事の意味や会社の存在意義を掛けたテーマであるべきだ。問いの立て方に
は工夫が必要だ。SDGsが大切だからといって、外部不経済を取り込んだ
事業テーマを立ち上げれば、さまざまな反発を食らうかもしれない。正論
も大切だが、最終的な経済性も無視できない。また、全身全霊をかけて社
会を変えたいことを大きく考えつつ、着手は小さく素早く、ただしトンガ
リは失ってはいけない。

　こう書くと高いハードルと感じられるかもしれないが、経営者や変革リ
ーダーだけで頭をひねる必要はない。むしろ、ダイナモとその予備軍を集
め、「旗をデザインする」という行為そのものを、ダイナモ革新の引き金
にする方が得策だ。

▶旗をデザインするために（1）
公募と対話の場で「全員デザイン」する

　「公募」は、ダイナモおよび予備軍を探す効果的な方法だ。社会的課題

の解決や自社の未来づくりに関することだから、公募のテーマは大志ある挑戦的なものになるはずだが、それでよい。第4章で紹介した、シャクルトンによる南極探検隊の隊員募集を覚えているだろうか。「求む男子。至難の旅。僅かな報酬。極寒。暗黒の続く日々。絶えざる危険。生還の保証なし。ただし、成功の暁には名誉と称賛。」というものだ。通常のタスクフォースやプロジェクトとは「違う匂い」がしなければ、ダイナモの手は挙がらない。また、公募にあたっては、ダイナモ経営者が「私が支える、応援する」というコミットメントを前面に出すことで、参加への心理的なハードルを下げることも大切だ。筆者が支援した金融会社の変革では、プロジェクト開始時のプロモーションビデオに社長が出て、「いいからやってみろ」という檄を飛ばした。創立80年を超えた（当時）保守的な金融機関では、この演出は効果的だったようで、その組織変革には全社から40人前後のダイナモの手が挙がった。

　裏を返せば、変革プロジェクトの初期段階でよく見られる失敗は、「各部門から優秀な人材をアサインしてもらう」ことにある。ダイナモ革新は、ダイナモ起点でしかはじめられない。これまで見てきたように「優秀な人材」と「ダイナモ」は一致することもあるが、基本は別ものだ。上司からアサインされた人には、「現業が忙しいので」とか「言われたから来ている」という逃げ道がある。実際に優秀な人ほど現業が忙しい実情もある。また、目先の業績が高くても、将来や社会に関心の薄い「優秀な人」は、現業と関係のないことはできるだけ手がかからないよう、自分で調整してしまう。これでは、プロジェクトが勢いよく立ち上がらないのだ。一方、自ら手を挙げてきた人には退路がない。誰に強制されたわけでも、命令されたわけでもなく、自分の意思で飛び込んできているのだ。現業と二足のわらじになっても、多少のことでは音を上げないはずだ。何より、自分がやりたかった、社会的な、未来に向けた活動に身を投じられていること、志をともにする仲間たちと動けていることに、喜びを感じるはずだ。これが、プロジェクトの勢いをつくるのだ。

旗を立てるための対話は、いつもの「問題解決アプローチ」ではうまくいかない。「悪い原因は何か？　なぜ、ダメなのか。なぜ、できないのか」と負の方向で問題の真因に迫るのは、カイゼンには向いていても、未来のビジョンや解きたい社会課題の設定には向いていない。創造的対話や組織開発の手法はさまざまな本が出ているので、本書では細かくは触れないが、たとえば、アプリシエイティブ・インクワィアリー（強みに着眼した組織開発手法）のように、問題や課題ではなく、価値を探求するアプローチを使うことで、人や組織が持つ強みを活かした旗を描きやすくなる。また、前向きな対話を通じてポジティブな感情が生まれることにより、チームの絆が強まり、創造力が駆り立てられる利点もある。

▶旗をデザインするために（2）
目的工学を活かす

ダイナモ革新の旗をデザインするのにオススメなのは、「目的工学」の活用だ。「善い目的」を創出するだけでなく、目的を三階層で整理して当事者間の目的を調整し、実践を導く方法論だ。

（1）共通善を志向する大目的 ── 駆動目標となる中目的 ── 個々の小目的の異なる階層で目的群を体系的に創出、調整する。

- 大目的：最上位の本質的、究極的な目的。企業であれば共通善（あるべき姿・理想）を追求するビジョンや経営哲学の形を取ることが多い。
- 中目的：駆動目標と呼ばれる、大目的と小目的を繋げ、プロジェクトなどを達成するための具体的な概念やスローガン。理解しやすく、難易度が高い挑戦的な目標を含む。
- 小目的：プロジェクトの参加当事者や部署が抱く個別の目的や幸せの追求が反映される。

（2）駆動目標となる中目標の達成に向けて、試行錯誤のプロセスを実践する。

図表 5-2

目的工学：大目的、中目的、小目的のオーケストレーションの例

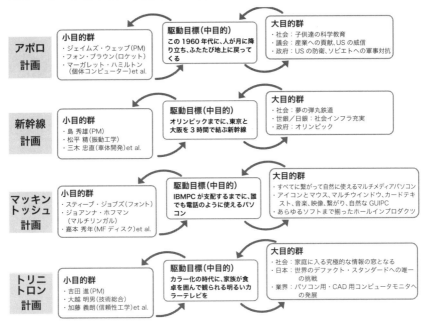

アポロ
計画

小目的群
・ジェイムズ・ウェッブ(PM)
・フォン・ブラウン(ロケット)
・マーガレット・ハミルトン
　(個体コンピューター)et al.

駆動目標(中目的)
この1960年代に、人が月に降り立ち、ふたたび地上に戻ってくる

大目的群
・社会：子供達の科学教育
・議会：産業への貢献、USの威信
・政府：USの防衛、ソビエトへの軍事対抗

新幹線
計画

小目的群
・島　秀雄(PM)
・松平　精(振動工学)
・三木　忠直(車体開発)et al.

駆動目標(中目的)
オリンピックまでに、東京と大阪を3時間で結ぶ新幹線

大目的群
・社会：夢の弾丸鉄道
・世銀／日銀：社会インフラ充実
・政府：オリンピック

マッキントッシュ
計画

小目的群
・スティーブ・ジョブズ(フォント)
・ジョアンナ・ホフマン
　(マルチリンガル)
・嘉本　秀年(MFディスク)et al.

駆動目標(中目的)
IBMPCが支配するまでに、誰でも電話のように使えるパソコン

大目的群
・すべてに繋がって自然に使えるマルチメディアパソコン
・アイコンとマウス、マルチウインドウ、カードテキスト、音楽、映像、繋がり、自然なGUIPC
・あらゆるソフトまで揃ったホールインプロダクツ

トリニトロン
計画

小目的群
・吉田　進(PM)
・大越　明男(技術総合)
・加藤　義朗(信頼性工学)et al.

駆動目標(中目的)
カラー化の時代に、家族が食卓を囲んで観られる明るいカラーテレビを

大目的群
・社会：家庭に入る究極的な情報の窓となる
・日本：世界のデファクト・スタンダードへの唯一の挑戦
・業界：パソコン用・CAD用コンピュータモニタへの発展

出所：『WISEPLACE INNOVATION　目的工学によるイノベーション実践手法』 紺野登＋一般社団法人 FCAJ・目的工学研究所著　翔泳社

　目的工学の視点からいうと、成功の鍵は、「明確でスジのよい強い中目的（駆動目標）」を定めることにある。たとえば、アポロ計画では、「1960年代のうちに、人を月に降り立たせ、地上に生還させる」という中目的が、新幹線計画では、「オリンピックまでに東京と大阪を3時間で結ぶ鉄道」という中目的があった。革新のエネルギーを生みだすには、目的をつくるプロセス自体が大切となる。皆の思い、共感、納得、情熱から生みだされた「共通の目的」ができれば、ダイナモはその達成のために進んで協力するようになる。

⁴ Step 2　コトを起こし、 オオゴトにする

プロジェクト（場と機会）をつくる

　ダイナモ革新の旗を立てたら、いよいよプロジェクトの進水だ。すでに集まっているダイナモで進めても、プロジェクトメンバーをあらためて公募してもよい。大掛かりなプロジェクトをつくれるのなら、メンバーがいきなり専任になることも可能だが、現業との二足のわらじ（兼任）ではじまるのが通常だ。プロジェクトのデザインは、作り込みすぎたり、計画し過ぎたりしてはいけない。精緻なスケジュールやコスト、想定アウトプットを描けたなら、それはむしろ古いプリンシプル（予測可能なことしかしていない、考えていない）に基づいていると恐れた方がよい。未来づくりのプロジェクトは、特に最初の段階では不明確なことばかりだ。さまざまな試行錯誤や探索的な活動を通じて学びながら、徐々にやることを定めていくような創発的なアプローチが望ましく、その不安定さやその間の葛藤に押しつぶされてはならない。そのためには、プロジェクトを旧来型プリンシプルでマネジメントしないことだ。活動に関心を大いに寄せつつ、片目をつむってチームに自由に大胆に行動させるのは、ダイナモ経営者の大切な役割である。

顧客や社会の生きた現場に自らの身を置く

　プロジェクト初期に行うべき活動の一つに、顧客や社会の生きた現場に自らの身を置くことがある。これは「顧客ニーズを聞きに行く」という軽いものでなく、むしろ「顧客になりきる」ことで、五感を駆使して深層の困りごとやイノベーションの種（時には本人たちも気づいていない潜在的な問題）を察知することだ。前者はインタビューやアンケートを行い、「どう思いますか、どういう不満がありますか」という事前に立てた質問

をする一種の確認作業であることがほとんどだ。一方、後者は顧客の生活や業務の現場に入り込み、観察やインタビューを通じて対象の状況に共感しながら、ニーズや未来を洞察するというフィールドワーク的な活動を志向する。

　ユニバーサルデザインで有名な工業デザイナー、パトリシア・ムーアは、見た目に美しいデザインが、年老いた人にとって使いやすいのかを疑問に思い、26歳から3年間、老人に変装して潜入調査を試みている。老人の視野に近づけるよう強い度の眼鏡をかけ、腰を曲げるためにコルセットをはめ、不器用さを出すために厚手の手袋をはめて街に出ると、歩道を走る自転車など、普段は気にならないさまざまな危険に遭遇する。また、買物の支払い時には、いつもはにこやかな店員から冷たい対応を受け、高齢者がいかに弱く、疎外された存在かを痛感する。そのときの経験をもとに、ムーアは障害の有無や年齢、性別、人種などにかかわらず、多くの人々が利用しやすいデザインを唱えるようになり、この分野の第一人者となった（『私は三年間老人だった 〜明日の自分のためにできること』パット・ムーア、朝日出版社）。

新しいレンズで社会を見る

　テーマに関連する識者にひたすら会い、知見を深めていくのも非常に効果的だ。これを上手に行うポイントは、新たなプリンシプルでもある「認知多様性」を活かすことにある。同じ領域の専門家や識者に会うのでなく、周辺や辺境領域を設定して、それぞれの領域の識者に会うのだ。異なる領域の専門家の視点や知識は、チームの視野をグッと広げる効果がある。また、異なる「仕事の道具箱（第3章コラム参照）」から見た世界を重ね合わせることで、重層的なテーマの理解をした上で、プロジェクトのスコープを定めることができるようになる。

　また、少し難易度は高くなるが、それぞれの識者に別々にインタビューせずに、一堂に会してもらい、対話型セッションを行う方法もある。これ

は、異なる知がぶつかり合うケミストリーがその場で起きることにより、さらに深い洞察を得られるという利点がある。筆者が自動車サプライヤーの未来づくりを手伝った際は、「未来社会のモビリティ」というテーマで、以下のような識者に集まってもらい、半日の対話セッションを行った。

- 大手エネルギー会社 技術戦略部長
- 大手 IT 企業 研究所長
- ベンチャー IT 企業 社長
- 経産省 情報通信系 課長
- 生活者研究所 所長
- 環境エネルギー関係 大学教授
- 地方自治体 地球温暖化対策本部長
- カーシェアリング会社 部長
- 自動車会社 開発担当役員
- 自動車サプライヤー 技術企画部長
- 設計会社 都市計画リーダー

　前半は各人の専門的な視点から、起こりうる未来の仮説とその根拠を語ってもらい、中盤は注目すべき変化と事象を専門家同士で対話し、最後は出てきた要素を分類し、それぞれのクラスターの影響と関係性を吟味した。異なる視点や多様な知識のぶつかり合いは専門家自身を触発し、次々と深い知見や新しいアイデアが引きだされた。目の前の顧客（この場合で言えば自動車会社）ばかりに意見を聞くのではなく、周辺領域を設定して異なる知を持つ人に話を聞くのは、新たな世界観を考える上で非常にパワフルだ。

新しい価値を顧客経験としてデザインする

　業界や市場の境界を越えて、時にはユーザーを巻き込みながら、未来思考で対話を行う理由は、文脈を現在から未来にジャンプさせるためである。モノ（製品）に囲まれた現代のくらしは便利ではあるが、モノが提供する

機能をヒトが使いこなすことによって、はじめてその恩恵にあずかれる。たとえば自動車で目的地に移動するには、モノとしてのクルマを購入し、免許証を取得し、交通規則や道路表示に従って注意深く運転をしなくてはならない。歳をとって視力や判断力が衰えてきたら、運転は中止するしかない。都市部では渋滞を覚悟しなくてはならないし、地球温暖化への考慮も必要だ。過疎地にとって日常の足が奪われたら、生活はお手上げである。未解決な問題は至るところに潜んでおり、イノベーションの機会にあふれている。

　ダイナモの仕事は、「世の中をよい方向に変えるため、私たちは何をすべきか」という社会変革の視点を伴った新しい価値コンセプトをつくることだ。未来文脈でどのような暮らしを実現したいかを描き、ステークホルダーに世界観を示そう。

　デジタルの時代に入り、モノ（有形財）からコト（サービスなどの無形財）に価値がシフトしたことにより、重要となったのが、ユニークな顧客経験の輪をデザインする能力である。モノが価値提供の主役であった時代は、技術者は思いや知恵を製品に込めることが最良の方法であった。今は、顧客が行動する一連の行程（カスタマージャーニー）に沿って、さまざまな経験を連続的に提供することが求められている。例えば、クルマで家族旅行をする場合は、旅行を計画する段階から関与し、家族がどんな経験をしたいのかを企画・支援する。旅行中は魅力的な接点をつくり、行動、思考、感情に沿って、好ましい情報やサービスを提供する。旅行後は思い出を編集し、家族の絆が深まるカタチで残す。継続的な利用を欲したくなるようなプラットフォームをつくるのが、新しいビジネスの姿である。

　製品やサービスを改善しながら、過去の延長上に未来をつくるのではなく、大きな志、大胆な構想、独自のサービスコンセプト、顧客経験に即した価値提供の輪、迅速な実行と再試行、こうした創造行為の連鎖によって未来が生みだされるのである。すなわち知識創造（SECI プロセス）の実践である。

知識創造（SECI プロセス）を活性化する

　ダイナモのプロジェクトは、知識創造プロセスをいかに高質に、高速に回転させるかが勝負だ。したがって、活動メンバーが知識創造プロセスを理解し、上手に場やプロセスをデザインするのが望ましい。

　第3章のコラム「知識創造理論とその進化」を参照いただきながら、知識創造（SECI プロセス）をいま一度おさらいしておこう。知識創造は、暗黙知と形式知の変換のスパイラルなプロセスであり、「共同化」「表出化」「連結化」「内面化」の四つのフェーズで構成される。そして、それぞれの知識創造のフェーズを回すためには、よい「場」をつくることが必要となる。

共同化（Socialization）暗黙知→暗黙知：共同化は一言でいえば、本質直観である。現場に身を置いて相手と同じ立場になり、五感をフルに働かせて状況や感情を感じ取り、自らの新たな暗黙知として取り込む。たとえば、認知症の治療薬開発で知られるエーザイは、全社員が高齢者介護施設などを訪れ、認知症の進行に悩む患者のケアを体験する。対象者に寄り添い、本人のみならず家族やコミュニティなど周囲の人々が抱く辛さや幸せに共感する。患者とその家族と喜怒哀楽を共にすることで、自らの使命や目的を再認識し、また、その現場で体感した課題の解決に向けて、創薬だけでなく新しいヘルスケア・システムの創出に取り組んでいる。ダイナモ革新の文脈では、やはり顧客や社会の現場に身を置き、彼らの喜怒哀楽を自らの暗黙知として取り込むための場づくりが大切となる。

表出化（Externalization）暗黙知→形式知：意味抽出／概念形成のプロセス。共同化で豊かにした暗黙知をベースに、仲間と対話したり、一人で沈思黙考したりしながら、言葉やカタチで表現しようとすることで、新たな形式知を生みだす活動だ。ダイナモ革新の文脈では、感じ取った顧客や

図表 5-3
知識創造のプロセス

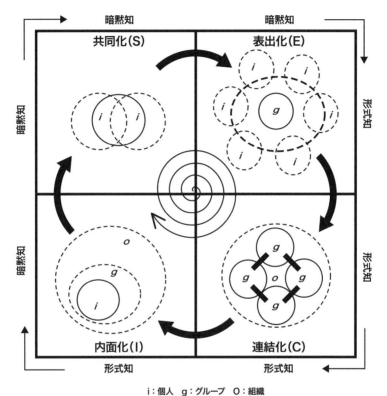

i：個人　g：グループ　O：組織

出所：Nonaka, Konno（1998）"The Concept of 'Ba'"

社会の困りごとの背後に潜む課題や、より広い文脈で課題をとらえ直し、徹底した対話、議論の場を通じて新たなサービスやソリューションのコンセプトをつくることが焦点となりうる。

連結化（Combination）形式知→形式知：連結化は、すでにある形式知同士を組み合わせ、新たな形式知を生みだすフェーズだ。ここで大事なの

203

がコラボレーションである。多様な知識や専門性を持つ仲間と連携し、共創しながらアイデアをカタチにする。

　ダイナモ革新の文脈では、構想（コンセプト）の実現に向けて、チームやエコシステム内の共創者が持つ形式知を組み合わせて、現実的なソリューションを生みだしていくことが鍵となる。

内面化（Internalization）形式知→暗黙知：内面化は、連結化で生みだされた形式知を実践することで、新たな解釈や学習、認識が生まれ、個の新たな暗黙知として身体化されるフェーズだ。ダイナモ革新の文脈では、たとえばソリューションのプロトタイプを自分で使ったり、想定顧客に試してもらうことで、新たな発見や洞察を得ることである。

　知識創造（SECIプロセス）を理解しておくと便利なのは、さまざまなイノベーションの手法が、なぜ機能するかを深く理解できるようになる点だ。実際のプロジェクトでは、デザイン思考、リーンスタートアップ、アジャイル開発、オープンイノベーションなど、多様な手法を取り入れながらプロジェクトを進めることになるだろう。一つひとつの手法の解説は割愛するが、どの手法であっても、知識創造のプロセスがうまく回っていなければよい成果にはつながらない。

　デザイン思考の例でいえば、共感（empathize）→ 問題定義（define）→ 創造（ideate）→ 試作（prototype）→検証（test）の五つのフェーズで、知識創造のスパイラルが回っているか、それに適した場をつくれているかを検証することができる（図表5-4参照）。たとえば、共感フェーズの現場観察は、実際に顧客の立場に立って、暮らしの場やコミュニティに入り込み、五感を働かせて、痛みや困りごとを自分ごとのようにとらえているか。あるいは創造フェーズで、利害関係者との対話の場にアナロジーやメタファー、ストーリーテリングなどがうまく使われているか。

　リーンスタートアップであれば、「仮説構築 → 実験 → 学び → 意思決

デザイン思考と場の関係

探索の場

共感(empathize)

◆ 現場にいく、多様な人と出会う

◆ お互いの考えや背景を知る

◆ 問題に深く共感する

定義の場

問題定義(define)

◆ さまざまな意見を出し合う

◆ 関係者に共通の理解を生みだす

◆ 優先度の高いテーマに絞り込む

検証の場

検証(test)

◆ 解決策や技術を、インパクトの大きさや実現性で評価する

◆ 仮説の検証を行い、市場の声を聴く

開発の場

創造(ideate)試作(prototype)

◆ テーマに対して解決策や技術を出し合う

◆ 具体的なカタチにする

◆ 新しい解決策の適用可能性を評価する

筆者作成

定」のサイクルのなかで、ツールとしてリーンキャンバスやMVP（Minimum Viable Product：必要最低限の機能を備えた製品）が活用されることになるが、これも SECI プロセスに照らし合わせて、どのような場のサポートが必要かを考えることが重要だ。

エコシステムとして活動する

　取り組むテーマの志が高くなればなるほど、自社だけで解決するのは困難になる。ダイナモ革新で取り扱うようなテーマは、もはや１社だけ、あるいは自業界だけで生みだせる価値で取り組めるものではないのだ。だか

らこそ、新しい原則⑩にある通り、エコシステムの形成がプロジェクトの成否を握ることになる。良質なエコシステムは、プロジェクトの高い志（目的）に共感してくれるさまざまなステークホルダー（顧客、地域コミュニティ、サプライヤー、隣接する業界、NPO、ベンチャー、大学、地方自治体など）と連携することで築かれる。図表5-5のコラボレーションのスコープで言えば、右側の社会共創型に近づくほど、エコシステムの多様性と広がりが出るが、成功の鍵は、利己的ではなく、利他的な精神にある。目的の気高さが、エコシステムのパートナーを呼び寄せるのだ。

　「やさいバス」は、農業ベンチャーのエムスクエア・ラボ社（代表：加藤百合子氏）が生みだした、地域の小規模青果流通の仕組みだ（https://vegibus.com/）。道の駅や直売所、青果店、卸売業者の倉庫などを集出荷場（＝バス停）に設定し、「やさいバス」と名付けた冷蔵車が巡回することで、農家が出荷した品物を、実需者はその日のうちに受け取る。配送コストは通常の1/4、排出 CO_2 は通常の1/3に削減した上で、抜群の鮮度を保持する。地産地消で、生産者と消費者が「おいしいを共創する」仕組みは、日本国内だけでなく世界からも注目を集めている。既存の農業物流の矛盾を見抜き、生産者と消費者、そして地球環境すべての利益を最大化しようという利他の精神と、協力する多数の関係者によるエコシステムが「やさいバス」の成功を支えている。

ダイナモプロジェクトを社内の関心事にする

　ここまではプロジェクトの実行に焦点を当ててきたが、社内コミュニケーションについても触れたい。初期のダイナモ革新プロジェクトには、プロジェクトの具体的な目標の達成（プロジェクトの成功）のほかに、もう一つ大切な目的がある。それは、「ダイナモ的な働き方、プロジェクトのやり方を社内に広める」ということだ。ダイナモ経営者の保護の下にはじまるプロジェクトは、通常は社内から複雑な反応を受ける。「なんか楽し

コラボレーションの広がり

強い結びつき ← → 弱い結びつき

同一部門 近い職種　社内他部門　パートナー　取引先顧客 エンドユーザー　行政　大学　地域住民　異業種企業　専門家

問題解決型 コラボレーション
・日常の業務での助け合い による問題解決
・既存技術領域に近い製品 開発

企画・開発型 コラボレーション
・企画、営業、マーケ、 開発など複数部門で 行う新商品の企画
・新規事業プロジェクト

顧客共創型 コラボレーション
・顧客の潜在的な要望の 抽出
・既存ユーザーの使用法を ヒントにした商品化

社会共創型 コラボレーション
・社会課題の解決に向け た産学官共同研究
・インフラ、リサイクル、 キャッシュレスなど複数 サービスの統合開発
・リビングラボで都市の 未来構想の実証実験

筆者作成

そう」はいい方で、「忙しいのにあいつらだけ遊びやがって」とか、「儲か
りもしないことを。誰がその資金を稼いでると思ってるんだ」というよう
な、否定的な反応がある方が普通だ。とりわけ、兼任で活動するダイナモ
メンバーの場合、最大の壁が上司であることも多い。「遊んでないで、自
分の仕事してね！」という具合だ。こうした反応からダイナモメンバーを
守るのは、ダイナモ経営者の大切な役割だ。時には直接介入し、「大切な
プロジェクトだから、現業の業務調整も含めて、活動に身が入るようにし
てやってくれ」というメッセージをメンバーの上司に伝える必要も出てく
るだろう。

　いずれにしても、大半の社員は「お手並み拝見」とばかり、少し距離を
取って活動を眺めているに違いない。一方で、参加に至らなかったダイナ
モ予備軍は、好意と関心を持って見守っている。彼らが次に続くダイナモ
として行動してくれるかどうかが、ダイナモ革新成功の分水嶺だ。したが

って、プロジェクト活動を実況中継し、社内の関心事にし続けることが、非常に大切となる。

筆者が2000年前半に欧州企業と日本企業のイノベーションと知識創造経営に関するベンチマーキング調査をした際に、欧州企業と日本企業にもっとも大きな差が見られた項目が「イノベーション／知識創造に関する社内コミュニケーション戦略の有無」であった。90%の欧州企業が「ある」と答えたのに対し、「ある」と答えた日本企業は20%にとどまった。日本企業は外へのマーケティングやブランディングにはお金をかけても、内部へのコミュニケーションへの投資を「贅沢」と感じる傾向が強い。しかし、顧客の（購買に向けた）行動変容と同じくらいに、社員の行動変容にも関心を持つべきだ。そうすれば、おのずと社内コミュニケーション戦略の大切さが分かるはずだ。

プロジェクトの状況を共有することももちろん大事だが、それよりはるかに強いメッセージが二つある。「トップがどう思っているか」と、「ダイナモメンバーがどう扱われるか」だ。したがって、経営層からの「注目している、全面的に応援している」と「ダイナモメンバーはこれからの働き方を体現している」というメッセージを出すことが効果的だ。また、企業は外からの評価を気にするので、メディアを活用したり、エコシステムのパートナーからの前向きな評価や意見を共有すると、「あいつら、意外といいことやっているんだな」と風向きが変わることも多い。社内コミュニケーションを初期の段階からデザインしておくことで、ダイナモプロジェクトの波及効果を高めることが可能になるのだ。

プリンシプルを変える法則：
「セカンドオーダー」のルール革新

　どんな企業や組織にも、長い間培ってきたルールがある。優良企業であればそこに至る過程で培ってきたさまざまな知識や経験が明示的・非明示的に定着している。これを替えるのはひどく大変だ。そこからいったん抜けださないといけないのだ。

　それはアインシュタインがかつて言ったように、今私たちが直面している世界はそれがつくられたときの考え方では解決できない問題を抱えているからだ。

　（The world we have created today as a result of our thinking thus far has problems which cannot be solved by thinking the way we thought when we created them）

　https://theendoftakechan.blogspot.com/2015/02/blog-post_42.html

　企業が本質的な変革を迫られているときにはこのいわば深いレベルでの視点の転換が必要になる。しかし変革は容易にはできない。そこでプリンシプルを新たにし、それに基づいて具体的な行動指針に翻訳していく必要がある。

　社会システムでも経営システムでも、「システム」は通常は見えるものではない。それは行為者が認識したときにはじめてその実在が感じられるものだ。これからのビジネスにとって最大のテーマの一つであるエコシステム（生態的なシステム）も同様だ。

　システムを認識する場合には、二つのレベルがある。単純に言えば、そのシステムのなかにいてそこからシステムを把握する（これをファースト・オーダー：行為者の水準という）レベルと、

システムの理論を通じて外から観察して記述する（これをセカンド・オーダー：観察者の水準）レベルがある。

　こんなことを考えたのはドイツの社会学者、社会システムの研究者、ニクラス・ルーマンだ。『リスクの社会学』のなかで、ルーマンは（現場で）現実の危機を観察して行動することと、その観察行動自体やその意味を考える（観察する）、両面からリスクをとらえようとしている。もちろんいずれも必要だが、危機の状態に埋没している際には、いったん離れて、再びその状態に戻っていくという態度が必要だ。

　組織は特定のシステムの中で生きている。そこにはすでに形成されてきた無数のルールがある。組織は環境変化が起きるとそれに適応しようとするが、そのシステムの範囲での変革、つまりファースト・オーダーの変革が必然的に多い。つまり、組織はこれまでの文化やリーダーのメンタルモデルによって統合されている（リーダーシップが発揮されている）ので、リーダーがセカンド・オーダーでの革新に目覚めない限り、多くはルール変更にとどまる。システムは自分自身でのルールの背後にある原理を書き換えることはできない。たとえば「働き方改革」が問題になったが、結局働くとは何かを議論せず、「時短」の話になっていった。企業の変革のほとんどは、過去のルールの境界内で起こっている。多少ルールを変更しただけでは大きな変化にはならない。

　他方、セカンド・オーダーに属する、あるいは意識的にその役割を担う観察者（企業で言えば本来の外部役員や信任された社外専門家、文化人類学者のような）は、ファースト・オーダーの中の観察者を観察する。彼らはファースト・オーダーの観察者にとっての盲点（観察できないこと）を観察できる（https://jss-sociology.org/research/91/file/225.pdf）。

　セカンド・オーダーはたんなる観察者ではない。まったく新し

い行動を生みだす媒介となることが役割である。そこでは、新しい考え方や意識の変化が伴わねばならない。ある企業が製造業から急にサービスを提供するエコシステムになろうとしても、従業員自身が、モノづくりという仕事を唯一としているエンジニア・マインドのままでは変化は起きないだろう。そのためには行きあたりばったりの観察でなく、プリンシプルすなわち深い原理が必要だ。

ファースト・オーダーの変革	セカンド・オーダーの変革
（例） ・効率追求のための組織変革、生産性革新 ・改善、学習曲線 ・実践の経験 ・他者のストーリーの学習、ベンチマーキング	（例） ・創造性のための組織知刷新、価値観の革新 ・非連続的なビジネスモデル革新 ・実践のプロセス ・自身による試行錯誤、ナラティブな「旅」

　今、求められるのはセカンド・オーダーからの変革だ。それはシステム自体の基本的な変更なのだが、その過程では、カオスが生じ、これから自分たちがどうなるか分からない、といった感覚を体験する。「コンフォートゾーン」から放りだされるわけだ。

プリンシプルをもとに紡ぎだされるプロット

　さらに求められるのが「ナラティブ」な力だ。新しいプリンシプルに基づいて、現実の変化のただ中で物語を生みつつ実践するという、複雑で不可逆的な道のりを経なければならない。

　ここでの課題は新しいプリンシプルに沿った組織の行動指針や行動規範の変更を伴わなければならないということだ。「プリンシプル」は原理的・概念的なレベルと行動のレベルにおいてデザインされなければならない。野中名誉教授はこれを「プロットとスクリプト」の関係で説明している。変化に応じて「プロット」（道筋、筋書き）を描くだけではなく、日々の行動パターンや行

動規範を細かく記述する「スクリプト」（台本）にする必要があると言うのだ。

　本書の特別対談では、次のように語っていた。「機動的な知の共同化において重要なのが、一つは大きな物語りを描く「プロット（筋書き）」ですが、もう一つ大事なのはビジネスにおける個別具体な場面でどちらへ行くべきか、何をすべきか、その判断や行動の指針となる「スクリプト（台本）」です。つまり行動規範、これを言語化して示すことです。ナデラはそこに共感力を据えたわけです。プロットはわくわくするようなロマンを語るんだが、スクリプトは肚にガツンと響くような言語表現である必要がある」。

図表 5-6
組織的能力の革新アプローチ

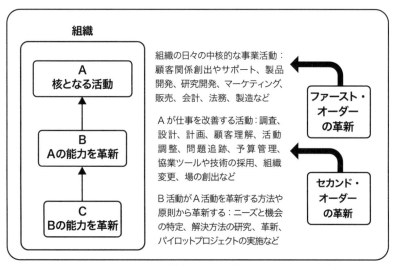

ダグラス・エンゲルバートの ABC モデル、ルーマンの
セカンド・オーダーの観察を参考に筆者が加筆作成

出所：https://www.dougengelbart.org/content/view/192/165/
『リスクの社会学』N. ルーマン , 新泉社

あなたの組織の多様な局面においては、どのようなスクリプトがあるだろうか。あなたの組織ではどんなルールで動いているだろうか？　どのような信条や物語があなたの思考や行動を生みだしているか？　それは創業者のメッセージや回顧録かもしれない。そしてそれは押し付けでなく共有された智慧となっていなければならないのだ。

　あなたは、同じ会社の他部門の誰かに対してどんなルールのもとで行動しているだろうか？　もし他の部門の誰かが突然連絡してきて、あなたが知っていることについて質問をしたら、そしてそのときあなたが、ほかの仕事で手いっぱいだったらどうするか。そんなときにも手を休めてその同胞のために知識を提供するだろうか。

　どんなルールが今役に立っていないと思うか？　それらのルールが破られると、どのような影響が生じるだろうか？

　我が社の常識は世の中の非常識という名言がある。外部の目から見てあなたの会社はどんなルールがあるのだろう。もし新しいルールで動くとするとそれはどのようなものだろうか。まずは試行錯誤することも大事だ。

　同じようなプリンシプルを掲げても、おそらく成功する企業とそうでない企業に分かれると思う。その違いはスクリプトのレベルまでプリンシプルを落とし込めているかどうかである。多くの企業が未来に対して感じ取っていること、それはおそらくそう大きくは変わらない。群衆の賢さというものがあるように、それぞれの業界やビジネスでは未来にすべきことというのはおおよそ分かっている。しかし問題はそれを自社のプリンシプルとして根本的にルールを変え、スクリプトを介して行動を変えるところまで進めることができるかどうかである。

プロットやスクリプト同様に重要なのが、変革自体のモデルの
デザインだ。ダグラス・エンゲルバートはよくマウスの発明者と
して紹介される米国のエンジニアだが、その功績はマウスに限ら
ない。現在我々が使っているコンピューターの元をつくったとい
われる「マザー・オブ・デモ」(1968) で知られている。このエ
ンゲルバートは「ABC モデル」といわれる、三階層のアクティ
ビティからなるユニークな知能革新の方法を考えた。これにはセ
カンド・オーダーの視点に通ずるものがある。

(https://www.dougengelbart.org/pubs/papers/scanned-
original/1991-augment-132803-Bootstrapping-Organizations-
into-the-21st-Century-a-Strategic-Framework.pdf)

5 Step 3　新原則を経営システムに埋め込む

　最初のダイナモプロジェクトで一定の成果が出たら、Step 3に入る。こ
こでは、いよいよ新たなプリンシプルを経営システムに埋め込むことにな
る。社員の行動変容をうながす「ダイナモ的に働きたい、働かざるをえな
い」環境づくりを行うことから、筆者はこれを「行動環境改革」と呼んで
いる。

あらためてナレッジ・マネジメント

　ダイナモ革新の要諦は、大目的に向けた組織的な知識創造を活性化する
ことにある。ここで欠かせないのが、ナレッジ・マネジメントである。先
述の通り、多くの日本企業は2000年前半にナレッジ・マネジメントを失
敗した苦い思い出があるためか、きちんとした取り組みを行っている企業

図表 5-7

ヒトに焦点を当てた行動環境改革へ

企業改革の焦点は、「**組織構造やプロセスの改革から、人間のアウトプット
をいかに最大化するか・・・という行動環境改革の実践**」に変化してきている

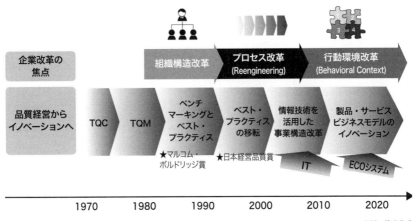

出所：筆者作成

が非常に少ない。しかし、エコシステムで価値をつくる、「オープンイノ
ベーション＝知の結合」の時代に、自社の知識資産の棚卸しすらしていな
かったら、効果的な共創は望むべくもない。世界を見渡せば、ナレッジ・
マネジメント・システムの国際規格（ISO 30401）もでき、知のマネジメ
ントは経営の常識となっている。社員が、いつでもどこからでも知識資産
にアクセスできるよう、知のプラットフォームを整備する必要がある。

知識資産を棚卸しする

　ナレッジ・マネジメントの一歩目は、目的を明確にして、知識資産を棚
卸しすることだ。一方で、目に見えない知識資産の特定は、簡単な作業で
はない。とりわけ、暗黙知の領域を分類やネーミングするには、センスや
視点が問われる。命名することで知識の存在が認識され、重要な資産とし

図表 5-8
知識資産分類のアプローチ：欧州モデル

出所：『The Strategic Management of Intellectual Capital』（David A. Klein）を基に筆者作成

て共通理解を得られるようになる。

▶知識資産の分類のアプローチ（1）欧州モデル

　知識資産の整理の仕方はさまざまあるが、汎用性の高いアプローチを二つ紹介する。一つ目は欧州発祥のモデルで、知的資本経営（Intellectual Capital Management）に代表される、知識を管理可能な資産ととらえるアプローチだ。このアプローチでは、知識資産を人的資産、構造的資産、関係性資産の三つの領域に分類する。

▶知識資産の分類のアプローチ（2）紺野モデル

　もう一つは、筆者の一人である紺野登によるモデルだ。知識資産を市場、組織、製品といった構造的な側面と、経験的、知覚的、定型的、仕組み的といった機能的な側面の二軸で分類する。後者の機能的な切り口は、知識創造（SECIプロセス）と対応している。これらを掛け合わせると、12のマトリックスができる。

図表 5-9

紺野モデルによる知識資産のマトリクス

	経験的	知覚的	定型的	制度的
市場知	・顧客が製品やサービス、企業について使用経験から学んだ知識 ・流通が製品やサービス、企業について学んだ知識	・ブランド（特定の商品について顧客が形成した知識） ・企業の評価	・顧客や流通との契約関係 ・顧客についての情報（利用履歴や属性情報）	・顧客とのネットワークや交流によって得られた知識 ・市場や顧客について、流通ネットワークから得られた知識
組織知	・社員の専門性や能力 ・特定の専門職が持つコアとなる知識・能力	・企画開発・デザインに関する知識・能力 ・品質に関する知覚	・社内ドキュメントやマニュアル ・知識ベース上にあるコンテンツ	・社員の学習やコミュニケーションを促進する仕組み
製品知	・製品やサービスに関するノウハウや熟練的知識	・製品・サービスのコンセプト ・製品デザイン	・特許知財となる技術やノウハウ、著作物 ・技術やノウハウに関するライセンス	・使用法など、製品を取り巻く社会的・法的な知識活用システム

出所：『知識資産の経営』（紺野登，日本経済新聞出版），『ナレッジマネジメント入門』（紺野登，日本経済新聞出版）を基に筆者が加筆・修正

　重要な知識資産の特定なしに、効果的な知の新結合、共創は望みづらい。前述の富士フイルムの Open Innovation Hub も、華やかな場（空間）に目が行きがちだが、同社のコア技術を十数個の技術プラットフォームとして分類し、展示できる状態にまで「知識資産化」することで、訪問者の知との新結合が起こりやすくしてあるのだ。

　また、新潟県燕市の事例にもあった通り、知識資産は「見立てる角度」により、無数の定義があるため、事業やプロジェクトの目的に沿った、独自の知識資産の切り口が求められる。

図表 5-10

知識創造を促進する場の例

フューチャーセンター Future Center	イノベーションセンター Innovation Center	リビングラボ Living Lab
フューチャーセンターは、産学官民の垣根を越えて未来の視点から共に構想し、実践への仮説をつくる場である。	イノベーションセンターは、自社の技術やリソースを活用して、外部共創によるイノベーションを推進する場である。	リビングラボは、実際に人々が生活する街のなかで社会実験を重ね、仮説検証を行う場である。
機能：問いをつくる、未来を構想する 主体：行政・企業・大学 やること：立場を越えて、長期視点で議論する	機能：プロトタイピングする 主体：企業 やること：技術やリソースを使って具体的にする	機能：社会に実装し、アップデートする 主体：市民・大学・行政・企業 やること：できたものを生活のなかで試してみる
一社では解決できない複雑な問題や、中長期にわたる社会課題などに対し、産学官民の垣根を越えた未来の関係者が集まり、仮説づくりを行う場である。未来志向の創造的な対話からテーマをつくりイノベーションの種を探求する。官民、地域の連携が前提の下、興味のあるオーナーがリーダーシップを発揮して、テーマを推進する。	主に企業が自社の技術やリソースをオープンにして、試作をして外部共創によってイノベーションを生みだす場である。単なる技術の展示ではなく、自社の技術をオープンにすることによって、外部の知を取り入れる開発プロセスを実践し、素早く試して改良し続けながら、顧客とともにプロダクトやサービスをつくりあげる。	企業や組織の中ではなく、実際に人々が暮らす街そのものが生きた研究施設としての役割を担い、社会実験や仮説検証の場となる。コンセプトやプロトタイプなどを試し、仮説検証を繰り返しながらプロダクトやサービス、ビジネスモデルを共創する。

出所：一般社団法人 FCAJ

共創の場をつくる

　コロナ禍で、オフィスの役割が大きく変わった。これからのオフィスは、リモートワークではなしえない、非定型的、創発的なコラボレーションなど、より知識創造に特化した場に進化させる必要がある。新しい原則⑦にある「有機的な『場』の組織」をサポートする機能としては、以下の3つの代表的な場がある。

　社会問題をセンシングする場（フューチャーセンター）、技術をものにする場（イノベーションセンター）、社会のさまざまな問題と解決アイデアを現実文脈のなかで実践的に検証する場（リビングラボ）の三つは、相

互に関係し合っている。自社の文脈に合わせた場のデザインが大事だ。

新たな評価とインセンティブを導入する

　多くの社員がダイナモ的に働き、新しい活動を仕掛けるようになるためには、行動変容を後押しする評価体系とインセンティブが必要になる。「インセンティブ」という言葉は、金銭的・物質的など外因的なものを想起させるかもしれない。しかし、ダイナモ的な行動を促進するのは、個の内側にある思いを発露する場や、それを実行に移せる機会だ。言い換えれば、思いに基づく活動を実践できる場や機会を組織が提供し、背中を押して参画をうながすような仕掛けそのものが、大きなインセンティブとなる。

　また、望ましい行動をうながすという意味では、組織的な認知・称賛も効果的だ。Step 3のゴールは、最初のプロジェクトの成果を社内に広め、ダイナモ的行動の火を広げることだ。成果は小さくても構わない。それを社内で「物語る」ことで、「そういうのありなんだ」とか「そういうことを会社、経営者は求めてるのか」、「そういえば、私もやりたいことあったな」という感情を広げていくことだ。ダイナモ予備軍が真性ダイナモとなり、あとに続く人を増やしていけば、ダイナモ革新はいよいよ軌道に乗る。これは、「社内コミュニケーション」の続きでもある。さらに、ダイナモ的な行動を取った社員やチームを皆で称える組織的認知には、行動した本人だけでなく、周りにとって「あれが望ましい行動だ」という理解とその後の行動変容をうながすという意味でも、影響が大きい。

ダイナモが生みだされる機会をつくる

　イノベーションや知識創造の実践的方法論を身につけるプログラムによってダイナモを出現させよう。ダイナモは行動様式、思考様式なので、デザイン思考やリーンスタートアップなどの手法を学ぶだけでは十分とは言えない。それよりも、自分の人生の目的は何か？　社会をどうよくしたい

か？ そもそも、自分がどうしてこの会社に入ったのか？ 自分がいる意味は何か？ といった根源的なことを問い、対話を続けることが必要だ。社会と会社を良くしたいという情熱を内側から引きだし、それを活かすような支援が大切だ。

SAP（独）の社内起業家プログラム…ドイツのソフトウェア企業SAPは2006年当時、急速に進むデジタル破壊（Digital Disruption）をどう乗り越えていくか、新しい道筋を見つけださなくてはいけない状態にあった。クラウドサービスが多彩な広がりを見せ、圧倒的地位を築いていた従来型のERP製品が、いずれ頭打ちになる危険性もあった。既存事業とのしがらみを避けるために、インメモリー技術を搭載した次世代データベースシステム「HANA」が秘かに研究され、新しいシステムとして2010年に市場導入された。

　DXを後押しするため、顧客共創をうながす場としてコ・イノベーション（Co-Innovation）センターがシリコンバレーに置かれ、デザイン思考の活用が奨励された。さらに、顧客や社員からのニーズを直接的に製品開発に繋げるために、社内起業家プログラムが立ち上げられた。誰もがスタートアップスクールで起業家精神を学ぶことができ、トップチームはアドバイザーのネットワーク、実践的な教育、アクセラレータプログラムを利用して、アイデアから投資に至るまで、新規ビジネスを従来の三分の一の6カ月で構築することができる。

　現在は、New Ventures and Technologies（NVT）という新規事業の統括部署のもとで、50人のベンチャー・パートナーがグローバルに配置され、全社員の約6割にあたる6万人にリーチし、3000を超えるアイデア、六つの社内ベンチャーが生みだされている。

クリエイティブスクールのプログラム…社内だけでなく、外部の場も活用できる。今、欧州を中心にまさに「ダイナモ」のためとも言えるスクールが出現しているからだ。「カオスパイロット」はデンマーク第二の都市、

オーフスにあるハイブリッド・ビジネス・デザインスクールだ。「個人の成長と事業を通じたポジティブな社会変革」を目的に、「世界にとって善い行いをする」リーダーシップを重視する。企業人のみならず、ダンサー、DJ、スポーツ選手、シェフ、看護師など多様な背景を持つ学生がチームを組み、クリエイティブなアイデアを生みだし、実践的なプロジェクトを通じてリーダーとして育っていく。1991年に設立後、リーダーシップと起業家養成教育のパイオニアとして国際的に認知され、2008年にビジネスウィークで世界のベストデザインスクールの一つとして選出された。アムステルダムの THNK も School for Creative Leadership を打ちだしている。クリエイティブな人材をたくさんつくれば、世界にポジティブなインパクトを与えることができると考え2011年にアムステルダムに誕生した。ミッションは二つあり、一つ目はリーダーシップを持った人をつくる。もう一つは新しい活動を行う企業をつくることである。

6 Step 4　旅を続ける

　行動変容をうながす経営システムや仕組みを整え、社内にダイナモ的な行動や活動が増えてくると、革新が成就したような気になる。しかし、組織の慣性を侮ってはいけない。新たな価値観は、小さなきっかけで元の官僚的組織に戻る、強烈な負の復元力があるのだ。Step 4は、新たな原則で経営をし続けることで、本当の意味で変化を常態にしていくことだ。それは、「どうすれば組織変革を成功させ、文化に根づかせられるか」という変革マネジメント（チェンジ・マネジメント）を継続することだ。この概念も、筆者のベンチマーキング調査で、欧米企業と日本企業の大きな差として出た項目だ。欧米企業は、経営変革のツボを心得て実行するのに対し、日本企業は「変革をマネジメントする」という概念を持たずに、ただ仕組みや方針だけを変えるケースがあまりにも多い。変革マネジメントなしで

は、以下のような落とし穴があることを知らずに活動を推し進めることになる。

- **「仕組みつくって魂入れず」**：「仕組みを変えれば社員は変わる」と想定し組織の改編、業務システムや人事制度などの「仕組み」を導入することがゴール化する。しかし、目的や意義に共感できない社員には、行動を変える理由がないため、仕組みが形骸化して終わる。強制力で行動を変えようとすると、社員は「やった振り」をするようになる。
- **「掛け声倒れ」**：「モノ売りからソリューション」、「イノベーション創出」など、トップの勇ましい声は掛かるが、社員の行動環境は何も変化しない。現業とビジョンの乖離に、社員のフラストレーションがたまるだけで、具体的な行動が起きない。
- **「熱意の切れ目が縁の切れ目」**：活動に十分なリソースが配分されず、推進者の「熱意」に頼るばかりで、活動が広がらない。そのうち推進者の異動や、熱意が切れたところで、活動が停滞、終了してしまう。
- **「まずは意識変革」**：トップが社員に「君たちの変化が鍵だ」と意識変革の変容を迫るが、社員の意識は変わらない。他者の意識は強制的に変えられないと心得る（英語には、「馬を水辺に連れていけても、水を飲ませることはできない」という諺がある）。
- **「全社を一気に変えよ」**：変化の準備ができていないのに、いきなり全社を一気に変えようとする。思いがけない反発と戸惑いが起き、収拾のつかない混乱が起きる。

新しいプリンシプルに基づく経営が、どんなに素晴らしいものであったとしても、組織には変わることを好まない保守的な人もたくさん存在する。彼らの反発が変革の妨げとなって、軋轢をもたらすこともある。変革マネジメントは、変化が苦手な人や現状維持を好む人にも対応しながら、最終的に多くの社員が変革に適応するよううながす方法論だ。本章で見てきた

Step 0〜4にも、変革マネジメントの要素がちりばめられている。

　最後に、行動環境改革の重要性を再度強調したい。前述の落とし穴もあるが、多くの人は以下の順序で変化を考えがちだ。

　まず意識が変わり、意識が変わると行動が変わり、皆の行動が変わると風土が変わり、風土が変わると成果が出ると。

　これは一見、論理的に正しく思えるため、多くの組織変革は「まず、社員の意識変革から」とはじまるのだ。しかし、先述の通り、「意識を変えろ」と言われても意識は変えられないのが人の性だ。あなたは最近、人に強制されて意識を変えことがあるだろうか？　実際には、今までと違う行動を先にすることで、新たな気づきや学習が起き、「このやり方も悪くないな」とか「あの人が言ってたのはこういうことか」と後から意識が変わることの方が圧倒的に多い。そして、人の行動は直接変えられないが、行動の環境はマネジメントできる。修羅場に放り込んだり、学びの旅に連れだしたり、顧客の現場に連れていくことはできる。ダイナモ革新で、いきなり仕組みを変えずに、ダイナモが行動する場や機会をつくるのは、行動環境を変え、ファーストペンギンの背中を押すことの方が、変革にははるかに大切だからだ。海に飛び込んだファーストペンギンは、外海の美しさを知って帰ってくる。帰ってきたファーストペンギンは、もはや、飛び込む前のペンギンではない。新たな学びと気づきを得て覚醒した、ダイナモペンギンだ。実際に体験しているから、周りのペンギンに外海の美しさを説くにも説得力がある。次のペンギンが海に飛び込むようになったら、はじめて仕組みの変革に着手すればよいのだ。すべてのペンギンが飛び込めるように。

７　ダイナモとして生きる

　ダイナモは、共通善のために何をすべきかをいつも考え、利他的な目的

に向けた自らの思いに正直に行動する人だ。できない理由よりできる可能性にかけ、人と違う考え方や行動であっても気にかけず、圧倒的熱量で周りを巻き込みながら、領域を越えたネットワークを築き、コトを起こしていく。これまでの企業経営の常識からは外れているかもしれないが、知識社会、イノベーション社会で価値を生みだすのは、ダイナモ人なのだ。

振り返ってみれば、野中名誉教授が日本企業のプロジェクトを研究し、知識創造理論を導きだした背景には、「限界に挑戦する狂気とも言える人間像」があった。その人間像が、「これは情報処理ではない、自分の信念を正当化する知識創造だ」と野中名誉教授に直観させたのだ。経営が洗練化されるなかで、私たちは野性味を失っていった。むしろ、野性味を出すことは良くないことだとしつけられてきた。

しかし、時代は変わり、社会は複雑な社会課題解決を求め、企業はイノベーションを求め、個人は自律した生き方を求めるようになった。組織に従順なクルーザーではなく、自分の信念に正直なダイナモとして生きよう。そして、ダイナモを中心に据えた、新しい経営を立てよう。日本と世界の未来はそこにあると筆者は信じている。

エクササイズ5：
ダイナモ革新に向け仲間をつくろう

問．ダイナモとして生きる決心はついただろうか。

決心がついたら、まずは仲間を募ろう。

まわりのダイナモ予備軍にあなたの目的を語ってみよう（三人称でなく、一人称で！）。

あなたが経営者なら、とびきりのダイナモ社員を見つけて、ダイナモ革新に向けた対話をはじめよう。

あなたが社員なら、ダイナモ経営者に思いきって目的を語ってみよう。

仲間ができたら、ダイナモ革新の物語を一緒につくろう。

あとがき

　この本の執筆は、最初から難しい選択に迫られました。それは想定する読者を経営者に絞るのか、あるいは若い世代を中心とする「ダイナモ」にするのかでした。ビジネス書としては当然、どちらかに絞った方が望ましい。しかし、「リーダーシップを発揮せよ！」と経営者を鼓舞する本は、ごまんとあります。若い世代に向かって、「時代は変わった！」とアピールする本も同様です。しかし、経験から分かっていたのは、どちらか一方だけでは、革新的な組織変化は起こせないということでした。情熱を心に秘めた経営者と若い世代が、一緒に読めて、ともに行動を起こすよう後押しすること、それがこの本の目的でした。

　経営者と若い世代の混合チームというアイデアは、今から10年以上前に、富士ゼロックス相談役最高顧問だった故・小林陽太郎氏と野中郁次郎氏をアドバイザーとして、筆者らが実施した、賢慮型リーダーシッププログラムからきています。

　今、「共創」という言葉が広く使われています。この言葉を最初に掲げたのが、国際派経営者として知られた小林陽太郎氏でした。バブル経済も終わろうというとき、社団法人経済同友会幹事（当時）として、その「企業白書」（1992）の中で、「共創の理念に支えられた『人』創造の経営こそ、われわれは明日の日本企業の明るさと希望の源であると考える」と述べています。こうしたコンセプトが存在していたにもかかわらず、バブル経済崩壊後、日本企業は消極的になり、自社内に閉じていく傾向を強めていきました。

　この賢慮型リーダーシッププログラムの一環で、日・欧・米・中の経営比較やコーポレートガバナンス研究で知られるカリフォルニア大学バークレー校の政治学部のスティーブン・ヴォーゲル教授（父は"Japan as No.1"

の著者として知られた故エズラ・ヴォーゲル氏）に、2010年に話を聞く機会がありました。「日本の経営者はアメリカ型経営の悪いところを全部真似して、自分たちの優れたところを全部捨ててしまった」と指摘され、同席した日本企業のエグゼクティブは、誰も反論することができなかったことを思い出します。

いわゆる「失われた30年」で本当に失われたのは、こうした「記憶」です。ここ数年「デザイン経営」といったコンセプトが話題になっていますが、この考えはすでに1980年代後半に提示されていました。しかし、長い日本の停滞の過程で、風化してしまっていたのです。それが今また、新鮮なものとして蘇っています。本来は、その当時からコンセプトを果敢に具現化していくべきでした。

新型コロナウィルスの緊急事態宣言の解除後、再び感染者数の上昇傾向が見えはじめていた2020年6月19日、筆者が開催した「知識創造プリンシプルフォーラム」（オンライン）には、多くのビジネスパーソンに参加いただきました。「組織の知の基盤を革新せよ」と題して、日本企業に必要な経営革新のあり方を考える場でした。その内容をもとにまとめられたのが本書です。

本書に登場する野中郁次郎氏（一橋大学大学院名誉教授）、ローレンス・プルサック氏（コロンビア大学大学院講師）をはじめ、小島健嗣氏（富士フイルム Open Innovation Hub 館長）、加藤百合子氏（エムスクエア・ラボ代表取締役）、留目真伸氏（SUNDRED 代表取締役）、中山こずゑ氏（いすゞ自動車／TDK 社外取締役）は、そのときに登壇いただいた方々です。フォーラムでは、「ダイナモ」、「プリンシプル」といったメッセージを掲げ、大きな反響を得ました。そしてフォーラムの最後に、知識創造プリンシプルコンソーシアムの立ち上げを宣言しました。

本書はそのガイドブックといえます。経営者と若い世代が一緒に本を手に取って、意見を交わし、コトを起こすときの参考にしていただきたいの

です。筆者もみなコンソーシアムを支えるメンバーとして国内外の「知識学派」とのネットワークを含め、活動をはじめています。

本書の舞台背景とは、以上のようなものです。

あなたの組織で幕が開くと、そこで活躍するのがダイナモと経営者というわけですが、当然、経営者もダイナモなのです。その思索と実践のために、本書や知識創造プリンシプルコンソーシアムが役立てば、こんなにうれしいことはありません。「知識創造プリンシプル」と言うように、このプリンシプルは経営の世界にとどまりません。パブリックセクターはじめ社会イノベーション、あるいは個の生き方にも共通するものとして提示しています。

本書を何とか形にできたのは、組織変革の先頭に立ち、知識創造経営に関心を寄せ、その実践と探求を通じて、社会や組織をよりよいものにしようと日々奮闘されている皆さまのおかげです。

ダイナモやプリンシプルという観点からさまざまな知見を与えてくださった、デービッド・メイスター氏（元ハーバード大学教授）、レイフ・エドビンソン氏（ルンド大学名誉教授）、ハンク・クーネ氏（Educore 代表）、安田登氏（下掛宝生流ワキ方能楽師）、ロン・ヤング氏（Knowledge Associates CEO）、西口尚宏氏（Japan Innovation Network 代表理事）に深く感謝します。

何よりも、ダイナモとしての生き様を示してくれた、梅沢智氏（富士フイルムメディカル）、大久保伸隆氏（ミナデイン）、楠本寛斎氏（BSI ジャパン）、熊野英介氏（アミタホールディングス）、小林三郎氏（元ホンダ）、阪田浩志氏（日立製作所）、高山千弘氏（エーザイ）、田口真司氏（3 × 3Lab Future）、寺尾圭論氏（日立 GE ニュークリア・エナジー）、藤堂穂氏（アイシン・エイ・ダブリュ）、中許善広氏（CEE ジャパン）、広重敦氏（元トヨタ自動車）、ピーター・D・ピーダーセン氏（NELIS）、藤原正明氏（サントリー）、古河建規氏（SOLIZE）、増田譲二氏（元日産自動車）、本村拓人氏（Granma）、矢崎斉氏（フコクしんらい生命保険）、矢

島和男氏（ブルースカイテクノロジー）、矢島里佳氏（和える）、山下与史也氏（トヨタ自動車）、実践知リーダーの皆さまに、敬意と感謝の意を表します。

そして、筆者が理事として関わっている一般社団法人FCAJ（Future Center Alliance Japan）、および多摩大学大学院（品川キャンパス）、ヒューマン・フロンティア・フォーラム（HFF）、一橋ビジネススクール・野中研究室の川田弓子氏には、多大なサポートをいただきました。また、あらためて対談に参加いただいた佐宗邦威氏（BIOTOPE）と、本書のグラフィックワークに尽力いただいたイラストレーターの仙石朝子氏に、御礼申し上げます。

筆者の知見の多くは、富士ゼロックスおよび米国ゼロックス社が、一企業の利益を超えた価値を提供しようという思想を持って経営していたことによって育まれました。それは、「本当の企業価値は経済価値だけで測れるはずがない」という、小林陽太郎氏の信念にも近い教えでした。地球環境や格差の問題、技術進化と倫理の問題が企業の社会に対する責任として議論されるに至っては、瞑目せざるを得ません。筆者たちの出会いも、富士ゼロックスが知識経営の顧客支援チーム（KDI: Knowledge Dynamics Initiative）を創設し、活動を開始したことが契機となりました。初代KDI長としてダイナモ育成の場づくりに才覚を発揮され、今日に至るまで後進のダイナモを生み出し続けている木川田一榮氏（大阪大学）に、心よりの感謝を示したいと思います。そして、顧客価値のブレークスルーに一緒になって挑んでくださった多くの仲間の皆さまにもお礼を申し上げます。

そして野中郁次郎氏の存在です。知識創造理論との出会いが筆者の人生を変えました。天から与えられた命ですが、命の使い方（使命）は知識創造を新しい経営のプリンシプルにしていくことです。

5人の筆者は、正直、若者世代とはいえませんが、自分たちは真正ダイナモ人であると自負しています。世界中がコロナ感染症と戦うなかでの執筆は、完全なオンライン共創で進められました。一度も全員が物理的に集まることなく執筆できたのは、チームワークとリスペクトあってのものでした。そしてこれは、スケジュールを守れない筆者チームに最後まで忍耐強くつきあっていただいた日経BPの大山繁樹氏の尽力なしにはありえませんでした。深く感謝いたします。

　最後に、時には深夜にまでおよぶ孤独な執筆作業と賑やかなオンライン議論の双方を温かく見守ってくれた、筆者の家族に心より感謝を捧げます。

　2021年2月

　　　よき未来に向けたダイナモの覚醒を期して　　　筆者一同

参考文献

はじめに

- デービッド・メイスター（2009）『脱「でぶスモーカー」の仕事術』（加賀山卓郎訳）日本経済新聞出版.
- リンダ・グラットン他（2016）『LIFE SHIFT 100年時代の人生戦略』（池村千秋訳）東洋経済新報社.
- ピーター・F. ドラッカー（1999）『明日を支配するもの—21世紀のマネジメント革命』（上田惇生訳）ダイヤモンド社.

第1章　失われた30年：先のない企業の物語

- リンダ・グラットン他（2016）『LIFE SHIFT—100年時代の人生戦略』（池村千秋訳）東洋経済新報社.
- International Standard Organization (2019)『邦訳 ISO 56002:2019（対訳）イノベーション・マネジメントシステム - 手引』日本規格協会.
- 野中郁次郎他 (2020)『共感経営—「物語り戦略」で輝く現場』日経 BP.
- ジリアン・テット（2016）『サイロ・エフェクト—高度専門化社会の罠』（土方奈美訳）文藝春秋.
- マキアヴェッリ（1998）『君主論』（川島英昭訳）岩波書店.
- エティエンヌ・ド・ラ・ボエシ（2013）『自発的隷従論』（山下浩嗣訳）ちくま学芸文庫.
- 西尾勝（1993）『行政学』有斐閣.
- マックス・ウェーバー（2012）『権力と支配』（濱嶋朗訳）講談社学術文庫.
- ロバート・K. マートン（1961）『社会理論と社会構造』（森東吾訳）みすず書房.

第2章　システムだ、愚か者

- ピーター・F.ドラッカー（2001）『マネジメント［エッセンシャル版］―基本と原則』（上田惇生訳）ダイヤモンド社.
- エズラ・F.ヴォーゲル（2017）『新版 ジャパンアズナンバーワン』（広中和歌子他訳）CCCメディアハウス.
- Business Roundtable(2019)『Statement on the Purpose of a Corporation』https://opportunity.businessroundtable.org/ourcommitment.
- BlackRock(2018)『LETTER TO CEO 2018―A Sense of Purpose https://www.blackrock.com/jp/individual/ja/about-us/ceo-letter-2018.
- 荻原直紀（2020）『2周回遅れのナレッジ・マネジメント―品質・技術伝承問題の背後にある課題とその処方箋（月刊アイソス2020/4）』システム規格社.
- 野中郁次郎他（1996）『知識創造企業』（梅本勝博訳）東洋経済新報社.
- トーマス・H.ダベンポート他（2000）『ワーキング・ナレッジ―「知」を活かす経営』生産性出版.
- エティエンヌ・ウェンガー他（2002）『コミュニティ・オブ・プラクティス―ナレッジ社会の新たな知識形態の実践』（櫻井祐子訳）翔泳社.
- Carla O'Dell 他（2011）『The New Edge in Knowledge: How Knowledge Management Is Changing the Way We Do Business』Wiley.
- APQC（2019）『KNOWLEDGE MANAGEMENT IN 2019』APQC.
- International Standard Organization（2018）『ISO 30401 Knowledge management systems―Requirements』ISO.
- J.A.シュムペーター（1977）『経済発展の理論―企業者利潤・資本・信用・利子および景気の回転に関する一研究〈上〉』（塩野谷祐一訳）岩波文庫.

- 荻原直紀他（2010）『中小企業のためのナレッジ・マネジメント事例集』（荻原直紀訳）アジア生産性機構.
- 野中郁次郎、紺野登（2012）『知識創造経営のプリンシプル—賢慮資本主義の実践論』東洋経済新報社.
- 伊東俊太郎（2013）『変容の時代：科学・自然・倫理・公共』麗澤大学出版会.
- ピーター・F.ドラッカー（2015）『イノベーションと企業家精神［エッセンシャル版]』（上田惇生訳）ダイヤモンド社.

第3章　経営プリンシプルの総取り替え

- 岩井克人（2009）『会社はこれからどうなるのか』平凡社.
- デヴィッド・ウォルシュ(2020)『ポール・ローマーと経済成長の謎』(小坂恵理訳)日経BP.
- Project Management Institute（2018）『プロジェクトマネジメント知識体系ガイド PMBOK ガイド』第6版(日本語) Project Management Institute.
- ハイアールのエコシステム https://corporaterebels.com/why-haier-introduced-ecosystems-and-how-they-work/
- 安田登（2017）『能—650年続いた仕掛けとは—』新潮新書.
- 紺野登、目的工学研究所（2018）『WISEPLACE INNOVATION 目的工学によるイノベーションの実践手法』翔泳社.
- 野中郁次郎、紺野登（2007）『美徳の経営』NTT出版.
- ビル・フィッシャー" Ecosystem potential is often hiding in plain sight(生態系の可能性は、しばしば目に見えないところに隠れている)" （2019年グローバル・ピーター・F.ドラッカー・フォーラム）https://www.fischerideas.com/post/building-effective-ecosystems-for-the-future-2-blogs-on-current-and-future-thinking-1-issues-cause
- 紺野登（2020）『イノベーション全書』東洋経済新報社.

- 藤田寛（2003）『小林秀雄論』せせらぎ出版．（ベルクソンとアインシュタインの時間論批判について）
- アンリ・ベルクソン（1979）『創造的進化』（真方敬道訳）岩波文庫．
- リード・ヘイスティングス他（2020）『NO RULES』（土方奈美訳）日本経済新聞出版．
- サティア・ナデラ他（2017）『Hit Refresh（ヒット・リフレッシュ）』（山田美明他訳）日経BP．
- ピーター・F.ドラッカー（1994）『すでに起こった未来―変化を読む眼』（上田惇生他訳）ダイヤモンド社．
- 野中郁次郎、紺野登（2019）『賢者たちのダイアローグ』千倉書房．
- リタ・マグレイス（2014）『競争優位の終焉』（鬼澤忍訳）日本経済新聞出版．
- ピーター・F.ドラッカー（1993）『ポスト資本主義社会』（上田惇生他訳）ダイヤモンド社．
- 紺野登、野中郁次郎（2018）『構想力の方法論』日経BP．
- マイケル・ポランニー（1980）『暗黙知の次元』（佐藤敬三訳）紀伊國屋書．1996年の "The Tacit Dimension" 邦訳
- 野中郁次郎、紺野登（2012）『知識創造経営のプリンシプル』東洋経済新報社．
- 紺野登（2008）『ART COMPANY 知識デザイン企業』日本経済新聞出版．

第4章　ダイナモを生み出せ

- 樫原洋平（2020）『エッジソン・マネジメント〜尖った優秀な若者をどう採用し、いかに育てるか』PHP研究所．
- Peter F. Drucker『Landmarks of Tomorrow 邦題「変貌する産業社会」』（New York: Harper & Bros., 1957）．
- 神田房枝（2020）『知覚力を磨く 絵画を観察するように世界を見る技

法』ダイヤモンド社.

- ピーター・F.ドラッカー（2006）『ドラッカー名著集2 現代の経営
  [上]』（上田惇生他訳）ダイヤモンド社.
- アシュリー・バンス（2015）『イーロン・マスク 未来を創る男』（斎藤
  栄一郎訳）講談社.
- クラウス・シュワブ（2016）『第四次産業革命 ダボス会議が予測する未
  来』（世界経済フォーラム訳）日本経済新聞出版社.
- トム・ピーターズ（2000）『トム・ピーターズのサラリーマン大逆襲作
  戦＜1＞ ブランド人になれ！』（仁平和夫訳）CCCメディアハウス.
- アルフレッド・マーシャル (2014)『マーシャル クールヘッド＆ウォー
  ムハート』（伊藤亘広訳）ミネルヴァ書房.
- アーネスト・シャクルトン（2003）『エンデュアランス号漂流記』（木村
  義昌訳）中央公論新社.
- 馬場マコト他（2017）『江副浩正』日経BP社.
- 香川秀太他（2015）『越境する対話と学び：異質な人・組織・コミュニ
  ティをつなぐ』新曜社.
- デヴィッド・グレーバー（2020）『ブルシット・ジョブ クソどうでも
  いい仕事の理論』岩波書店.
- Gary Hamel（2012）「What Matters Now: How to Win in a World of
  Relentless Change, Ferocious Competition, and Unstoppable
  Innovation」Jossey-Bass.
- 福原義春（2001）『会社人間、社会に生きる』中公新書.

第5章 ダイナモ革新の道筋

- ウヴェ・フリック（2011）『質的研究入門―"人間の科学"のための方法
  論』（小田博志他訳）春秋社.
- グレゴリー・H.ワトソン (1995)『戦略的ベンチマーキング―組織学習に
  よる業績改善の実践手法』（ドキュメントデザインフォーラム訳）ダイ

ヤモンド社.

- 富士ゼロックス KDI、仙石太郎他（2008）『サラサラの組織—あなたの会社を気持ちいい組織に変える、七つの知恵』ダイヤモンド社.
- ダイアナ・ホイットニー（2006）『ポジティブ・チェンジ〜主体性と組織力を高める AI〜』（ヒューマンバリュー訳）ヒューマンバリュー.
- 紺野登、目的工学研究所（2018）『WISEPLACE INNOVATION 目的工学によるイノベーションの実践手法』翔泳社.
- パット・ムーア（2005）『私は三年間老人だった〜明日の自分のためにできること』（木村治美訳）朝日出版社.
- 野中郁次郎他（2010）『流れを経営する—持続的イノベーション企業の動態理論』東洋経済新報社.
- ニクラス・ルーマン（2014）『リスクの社会学』（小松丈晃訳）新泉社.
- 紺野登（1998）『知識資産の経営—企業を変える第5の資源』日本経済新聞出版.
- David A. Klein（1997）『The Strategic Management of Intellectual Capital』Routledge.
- 一般社団法人 FCAJ（2019）『WISE PLACE—リビングラボ実践ガイド』一般社団法人 FCAJ.
- ジョン・P. コッター（2002）『企業変革力—Leading Change』日経 BP.
- エリック・リース（2012）『リーン・スタートアップ』日経 BP.
- ジェフリー・フェファー（2014）『なぜ、わかっていても実行できないのか 知識を行動に変えるマネジメント』（菅田絢子） 日本経済新聞出版.
- 中原淳（2018）『組織開発の探究 理論に学び、実践に活かす』ダイヤモンド社.
- 安井義博（2003）『ブラザーの再生と進化—価値創造へのあくなき挑戦』生産性出版.
- 麻生要一（2019）『新規事業の実践論』ニューズピックス.

巻末資料

この資料は2020年6月19日に筆者によって共同開催された「知識創造プリンシプルフォーラム」において報告、およびeBookで特別配布された民間企業経営者・管理職対象アンケート調査のダイジェスト版です。本書でもその一部を紹介していますが、日本企業の現状を映すものとして参加者には衝撃をもって受けとめられました。

速報レポート

組織の知の基盤を革新するとき

ミドル層はいま何を見ているのか？

オンライン調査から浮かび上がった部課長職
（40−50歳代）の不都合な真実

2020年6月1日

はじめに

知識革新度診断（ナレッジオーディット）のすすめ

エコシスラボ（ECOSYX LAB 代表 紺野登）は、チェンジエージェント（変革の触媒役）を生業とするパートナーのリワイヤード、ナレッジ・アソシエイツ・ジャパンとともに、知識革新度診断を起点とする新たな企業変革プログラムを提供しようとしています。

私たちはこれまでも知識創造プロセス（SECI モデル）を中核とする知識経営度調査を通じて、組織としての知的活力の可視化を行い、企業や公共機関の変革支援を行ってきました。ここでご紹介するのは、そのアップデートモデル（ベータ版）誕生の物語と、新しい診断プログラムへのお誘いです。

背景にあるのは、付加価値を生み出せなくなって久しいにもかかわらず、自らの経営のあり方や行動を根本的に変える企業がなかなか現れない、変革スピードや実行レベルが高まらないことへの危機感です。

私たちは、昨年末（2019 年 12 月 16 日〜17 日）、オンラインモニターで民間企業（従業員数 300 人以上 且つ 創業 10 年以上）経営者・管理職を対象に調査を行いました（412 サンプル、経営者・役員 22 名、部長相当 153 名、課長相当 237 名）。

以下はそのモニター調査の結果に基づく仮説です。日本企業の重要な局面と、皆さまがマネジメントされている組織の実態を浮かび上がらせる知識革新度診断（ナレッジオーディット）の概要を共有します。

01

変化する
社会や産業の中で
自己を見失う企業

鈍感な変化への対応

〇月×日の朝会。昨年末に行われた社内調査の結果が経営企画室から紹介された。最初の質問は「喫緊の経営課題」は何かだ。18項目からの選択肢だ。次のような結果だった。

喫緊の経営課題は…	
	1. 人材の強化
	2. 収益性向上
	3. 売り上げ・シェア拡大
	4. 働きがい・エンゲージメント
	5. 新製品・新サービス

まあ分からなくはない。他の経営コンサルも同じようなことを言っている。ついで「5年後の経営課題」は?

5年後の経営課題は…	
	1. 人材の強化
	2. 収益性向上
	3. 売り上げ・シェア拡大
	4. 働きがい・エンゲージメント
	5. 事業基盤の強化・再編

会議のメンバーは互いに目を合わせながらバツの悪い笑みを浮かべる。経営企画スタッフが所見を述べた。
「皆さん、ご覧になってお分かりでしょうか? 確かに間違っているわけではありません。しかし、今と5年後の内容がほぼ同じというのは…」
「そうだ」と社長が割って入った。「君たち、うちの会社が5年後も同じような考えのままで生き残れると思っているのか!?」

もちろんこれは架空の話です。しかし、この背景になった昨年末のモニター調査でも、多くの日本企業で「喫緊の経営課題」と5年後についてのランキングには大きな変化が見られず、ほぼ同じ傾向を示しました。

喫緊の経営課題ランキング

① 人材の強化 42.5%

② 収益性向上 37.4%

③ 売り上げ・シェア拡大 34.5%

④ 働きがい・エンゲージメント 23.5%

⑤ 新製品・新サービス 20.4%

（N＝412）

5年後の経営課題ランキング

① 人材の強化 36.9%

② 収益性向上 28.6%

③ 売り上げ・シェア拡大 23.5%

④ 働きがい・エンゲージメント 21.8%

⑤ 事業基盤の強化・再編 20.4%

※巻末・図表1を参照

現在と5年後の認識にほとんど変わりがない。

これは、ダイナミックな環境の変化を意識化できていない、つまり繰り返される四半期決算に過剰適応しているだけで、大きな経営や戦略のナラティブ（物語り）を生み出す力の喪失を示すものではないでしょうか？

▶いわば「構想力の欠如」ではないか、という仮説に行き当たります。

もう一つ気になる点があります。経営課題間の相関（項目間クロス）を見てみると、たとえば収益性や売り上げを重視する人は、新製品開発や働きがいやガバナンスはあまり重視していない。一方、顧客経験重視の人（マーケティングでしょうか）は技術への関心が低い、などベクトルが合わず、全体が噛み合わず、の状況です。タテ割り型マネジメントの行き過ぎでしょうか、企業総体としてまとまった方向性を伴ったビジネスモデル、経営システムを共有していないと思われるのです。

もちろんこれはあくまでモニター調査で見たもので、あなたの会社について調べたものではありません。しかし、そのような症状は見られないでしょうか？

VUCA*と言われる時代、変化する社会や産業の中で、かつてと同じような存在の仕方はできないはずです。自身を見失わないこと。これが大事なのではないかと思うのです。

5年後の課題

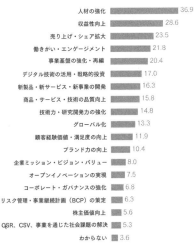

人材の強化	36.9
収益性向上	28.6
売り上げ・シェア拡大	23.5
働きがい・エンゲージメント	21.8
事業基盤の強化・再編	20.4
デジタル技術の活用・戦略的投資	17.0
新製品・新サービス・新事業の開発	16.3
商品・サービス・技術の品質向上	15.8
技術力・研究開発力の強化	14.8
グローバル化	13.3
顧客経験価値・満足度の向上	11.9
ブランド力の向上	10.4
企業ミッション・ビジョン・バリュー	8.0
オープンイノベーションの実現	7.5
コーポレート・ガバナンスの強化	6.8
リスク管理・事業継続計画（BCP）の策定	6.3
株主価値向上	5.6
QSR、CSV、事業を通じた社会課題の解決	5.3
わからない	3.6

全体 N＝412

※詳細は巻末を参照の事

＊VUCA＝Volatility（変動）、Uncertainty（不確実）、Complexity（複雑）、Ambiguity（曖昧）の頭文字をつなぎ合わせた造語で、社会経済環境が予測困難な状況に直面しているという時代認識を表す言葉です。

ビジネスモデルの
クライシス

デジタル対応できずに凍りつく組織

デジタルトランスフォーメーション（DX）という言葉はご存知だと思います。ただし、これは単なる業務のデジタル化やデジタルビジネスのことではなく、社会全体がデジタル化によって大きく変化する波に、いかに企業が新たな事業機会を見出せるか、というお話です。これは既存企業にとっては破壊的な影響をもたらします。

モニター調査では、危機感は高いが組織として対応できていない、という実態が浮き彫りになりました。

- 現状のビジネスモデルのままでは対応困難：70.2%
- ビジネスモデルはほとんど変わっていない：58.5%
- （GAFA などに対応して）事業モデルを変革させている：50.0%
※巻末・図表 2 を参照

つまり危機を感じているにもかかわらず半数近くが DX を実行していない。既存のモデルのまま利益のみを追求して疲弊している姿がイメージされます。

エコシステムで価値を生んでいますか？

デジタルトランスフォーメーション時代の鍵は「エコシステム」（顧客と企業、多様なパートナーとの関係性、そのプラットフォーム）だと考えられています。しかしまだ日本企業の多くがいまだ発展段階にあり、欧米はおろかアジアの各国と比べても、歩みの遅さは危機的ではないかと思われます。

- ①ソリューションへの意識あるが（43.0%）＞②オープンな価値提供は3割（30.1%）＞③エコシステム の考え方は4社に1社（22.6%）
※巻末・図表 3 を参照
- エコシステムへの意識は情報サービス業・サービス業で比較的高いものの（26.9%、29.7%）、運送・輸送業では低い（16.7%）
※巻末・図表 4 を参照

産業インフラに関わるこれらの業種での状況は、これまでの慣習や規制に囲まれた産業構造を想定させ、GAFA など外から来る変化への脆弱性を持つのではないかと思われるのです。

現状のビジネスモデルのままでは対応困難

70.2%

エコシステムという考え方が経営内部で議論されている

22.6%

03

知識を生み続ける
企業は強い

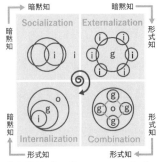

SECI モデル

i : individual, g : Group, o : organization
野中郁次郎、紺野 登『知識経営のすすめ』

知識創造プロセスで見たわが社の組織は？

ここでわが社の社員の日常的行動に目をむけてみましょう。

コロナウィルス後ではバーチャル会議や在宅勤務、より柔軟な勤労形態が現実のものとなりました。では、わが社の社員は今どんな仕事をしているのでしょう？与えられた業務を効率的にこなす？確かにそうです。パソコンでできる定型的な仕事はどこででもできます。最近は営業もバーチャルです。定型業務はＡＩがこなしてくれるようになっています。

しかし、これらの仕事から「新しい価値」は生まれているでしょうか？

これまでの業務を改善し効率的にこなせば、確かにキャッシュフローは高まります。しかし、新たな顧客、需要は、新しいアイデアや技術、関係、パートナー、そのための投資から生まれます。こうした企業としての価値創造を支えるのが知識創造プロセス(SECI)の存在です。

私たちはこれまで組織の知識創造の実態を知識経営度調査(SECIモデル調査)で眺めてきました。それは概ね４つのカテゴリーに分かれます。

S（共同化）：顧客や同僚からの生きた情報、隠れたニーズ、思いを共感・共有する

E（表出化）：対話によって新しいアイデアやコンセプトを共創する

C（連結化）：アイデアやコンセプトをもとに戦略や製品などに体系化・綜合する

Ｉ（内面化）：新たな戦略や製品についての知識を顧客や社内組織に浸透させる

これらは必ずしも日常的ルーティンワークではありません。企業の意図・目的、流儀がなければ奨励されてはいないでしょう。しかし、今回のモニター調査でみると、このような知識創造プロセスが回っている企業はパフォーマンスがいいという傾向が見えます。

知識創造から見た日本企業

知識創造プロセス（SECI）のモニター調査結果の全体傾向をみると、E（表出化）と I（内面化）の特点が高い「N型」です。SECI 実践度が高い企業は全体の 16.5% でしたが、おしなべて S（共同化）、C（連結化）も高い傾向にあります。

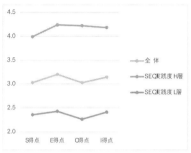

知識創造型の企業の特徴は、「リスクを恐れない」、「部下やプロジェクトメンバーの感情や連帯感を大切にしている」、「社内だけでなく、社外にも多くの人脈がある」などのリーダーシップのあるマネジャーが存在する組織だということです。

そして営業利益率、従業員数の増加、新規顧客の増加、顧客単価の増加などがみられ、パフォーマンスとの関連が伺われます。

誰が知識創造プロセスを回す（or 止める）のか

知識創造プロセスがよく回っているのは　45 歳未満のリーダーがいる組織。マネジャーとしては若い、あるいは勤続年数の短い層です。
逆に 50 代は「チャレンジしない」、「顧客志向が低い」といった傾向があります。

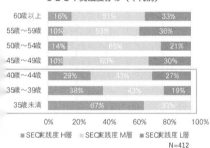

SECI 実践度分布（年代別）

	SECI実践度 H層	SECI実践度 M層	SECI実践度 L層
60歳以上	16%	51%	33%
55歳〜59歳	10%	53%	36%
50歳〜54歳	14%	65%	21%
45歳〜49歳	10%	60%	30%
40歳〜44歳	29%	43%	27%
35歳〜39歳	38%	43%	19%
35歳未満	67%	33%	

N=412

目的が明確な企業はパフォーマンスがよい

では、企業はビジョンを持っていないのでしょうか？いいえ、そんなこと
はありません。「経営者は会社のためだけでなく、社会善に照らして正当
な目的・ビジョンを打ち出している」(47.6%)、「仕事を通じて社会やお客
さまへ貢献している実感がある」(56.3%)と、なっています。

※巻末・図表 5 を参照

さらにこういった項目に強くあてはまるビジョン・ドリブンの企業、と
くに目的が明示的な企業の社員はパフォーマンスも高い答える傾向が強
いのです。それはビジネスモデルの革新などによるものと推測されます。

ただし後ほど触れますが、全体としていえばビジネスモデルは変わって
いない、エコシステム的なアプローチはない、イノベーションの組織文化
はない、異質な人材が活躍できないという傾向が見られます。

叫ばれるほど高くない社会投資意識

そこで問われるのは社会起点経営です。最近 SDGs や ESG 投資などが世
間で盛んに叫ばれていますね。

今回の調査で重視する経営課題の 18 項目にも「株主価値向上」、「CSR や
CSV、事業を通じた社会課題の解決」が含まれていました。しかし、実はこ
の二つは 18 項目中最低（喫緊：5.3%、2.7%）でした。つまり、利益も社会
貢献も企業戦略の中核には存在していない、といえるのです。これは特に
経営者・役員層で低いという傾向でした。これらは経営の中核テーマに
はなりえない、企業の経営や成長には遠い要因なのでしょうか？もし
SDGs への関心が本当ならば…

※巻末・図表 1 を参照

▶「社会価値起点でのビジネスモデルの不在」というイメージが頭
を横切ります。

株主価値向上

5.3%

CSR や CSV、事業を通じた社会
課題の解決

2.7%

"喫緊の経営課題" 18 項目中、
それぞれ 17 位と 18 位であった

04

今こそ組織開発に
取り組むべき

根回しや社内調整（稟議・承認含む）に労力を割かれ、意思決定のスピードが遅い

46.8%

異質な人・型破りな人が正当に評価されていない

51.7%

日本的経営の特性が逆回転

組織の「空気」について聞いてみましょう。以下は根本的な問題と思われる組織とその文化に関わるものです。

問題になる指標（非常に＋当てはまる割合）

① 根回し、遅いスピード(46.8%)
② 顧客より上司忖度(40.8%)
③ 組織の縦割り意識(40.1%) ※巻末・図表6を参照

1970年代、ドラッカーは日本的経営を賛美しました。その特徴は、課題中心の意思決定（Nemawashiで早く調整）、雇用保障と生産性追求のバランス（組織の結束性）、若手人材の継続的育成(OJT)でした。しかし、日本的経営の特性が今の時代にあっては逆回転しているように見えます。

▶日本的経営のリセットが必要ではないでしょうか。

人間の能力や可能性を潰していないか？

もう一つ、根本的な組織問題はいうまでもなく、現場での人の評価と活用です。これでは、たとえばデジタル投資は行っていても人づくりやイノベーションには投資していないことになります。よくある組織改革ではなく、組織開発、および人材活用のあり方を根本的に見直す必要が伺われます。

問題になる指標：

① 異質な人が評価されない (51.7%) ＞（"されている"は 19.7%）
② 不明確な人事評価(47.8%) ＞（明確は 23.1%）
③ 組織横断集団がない (43.4%) ＞（"ある"は 27.6%）
※巻末・図表6を参照

2012年ごろよりノーレイティング（No Rating）が、アドビやマイクロソフト、GAP、アクセンチュアなどで広まってきているように、これらは人事部の機能や組織開発のありかたの再考を求めています。

可能性はどこにあるのか

今回のモニター調査では、以上のような現在の日本的経営や組織の問題を仮説として浮かび上がらせました。その問題を確認するところで止まっています。今後は企業個別の、および他企業との比較調査を進めていきます。

一方、こうした組織の問題を解決するために、機能不全に陥った<u>経営の根本的再定義（リワイヤリング）</u>として、次に、どのようなポジティブな解決、希望の窓があるかを考える必要があります。

▶それは、世代の若返り、権限移譲などと合わせて社会課題への挑戦 ^{ソサイタル・イノベーション} を軸にすることではないでしょうか？

拮抗している指標：非常に＋当てはまる vs 当てはまらない

① 挑戦的文化（35.4% vs 31.0%）
② 社会倫理重視（39.0% vs 25.3%）

※巻末・図表6を参照

出所：FCAJ

05

未来を拓く場を
つくる

フューチャーセンターは、産学官民の垣根を越えて未来の視点から共に構想し、実践への仮説をつくる場です。

イノベーションセンターは、自社の技術やリソースを活用して、外部共創によるイノベーションを推進する場です。

リビングラボは、実際に人々が生活する街のなかで社会実験を重ね、仮説検証を行う場です。

出所：FCAJ

場がなければ変わらない

ここでいう場は、物理的な空間だけではなく、社外に開かれた場、対話の場、イノベーションを促進するプロセス、組織横断型のプロジェクト、権限移譲、投資などの総体です。実は場の要素はお互いの相関が高く、約2割 (19.4%) の企業がこうした特性を併せ持つ「濃い」場・環境を組織内に有しています。

新たな事業機会を獲得するには、多様な知の結合を促進する場が重要な役割を果たすからです。

▶知識創造プロセスが回っている企業には場があります。

こういった「場」を持つ企業は、リスクを恐れず、社外人脈があり、企業価値を考える、といった傾向が強く、創業年数の短い企業に多くみられます。そして、知識創造プロセスを生み出す素地となっているようです。

SECI 実践度・場の制度と企業の成長への認識の関連性
(各項目、プラスに推移していると回答した割合)

	営業利益の増加率	従業員数の増加率	新規顧客の増加率	顧客単価の増加率
全体	48.5%	38.3%	35.4%	32.5%
SECI 実践度高	67.6%	60.3%	64.7%	58.8%
場・制度あり	67.5%	53.8%	56.3%	60.6%

(この数値は回答者の認識に基づくものです。全体 N =412 のうち、SECI 実践度高は 16.5%, 場・制度ありは 19.4%)

最近、イノベーションのための場・空間を設置する企業が増えています。機能的には未来探索・オープンイノベーションのための場、ソリューションやプロトタイピングの場、社会実験・共創の場などです。一般社団法人 Future Center Alliance Japan ではこうした場を持つ企業や組織がコミュニティを形成し、研究・学習・実践を行っています。

06

リーダーシップを
再考する

現場型・唯我独尊リーダーシップを再考する

以上見てきたような知識創造・場の組織の能力を決定づける最後の要因はリーダーシップです。

今回のモニター調査の範囲で見た、日本企業のとりわけミドルのリーダーシップとは？

それは個人商店型ミドルが中心で、自分には向き合うが、外との繋がりは薄い、仕組みや文化が変わらない中で努力を続けるミドルの姿でした。

つまり、自分自身の価値観に沿って人脈も持たず突き進む現場型・唯我独尊です。

- **自分自身の価値観を持っている(61.9%)**
- **リスクおそれずチャレンジ(27.1%)**
- **社外にも多くの人脈(27.0%)** ※下図を参照

新しいリーダーシップへ

今世界中の企業では、リーダーシップのあり方が見直されています。選定基準は過去の実績ではなく、未来をつくり出すポテンシャルを有しているかです。そのために世代交代を進め、組織に新陳代謝をもたらす人を選ばなくてはなりません。今回のモニター調査で、最もリーダーとしての項目反応数が多かったのは 20 代でした。

▶なかなか言いにくいのですが**本格的な若返りが急務**です。

リーダーシップ：「あてはまる」回答率の積み上げ

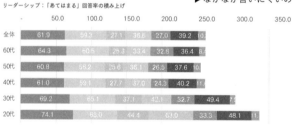

凡例：
1 仕事をする上で、自分自身の価値観を持っている
2 物事は、できるだけスピーディに決断している
3 リスクを恐れず、新しいことにチャレンジしている
4 業績達成と同じくらいに、部下やプロジェクトメンバーの感情や連帯感を大切にしている
5 社内だけでなく、社外にも多くの人脈がある
6 自分が知らないことや苦手なことを率直に認め学ぶ努力をしている
7 この中にあてはまるものはない

おわりに

このレポートは、企業幹部の皆様（企業経営者／経営企画責任者／事業部門長／イノベーションセンター長／営業部門長／人事部門長）に、私たちが普段感じている組織の問題を共有させて頂くために、データを用いて描いた物語り（ナラティブ）です。背景には次のような問題意識と思いがありました。

イノベーションの必要性を強く感じていながら、実行力が伴わない本質的な理由は、

- ・構想力の弱さ
- ・アイデアを共有する場や機会の喪失
- ・制度的な疲弊
- ・組織文化の衰微
- ・セクショナリズム・サイロメンタリティ（内向き志向）の進行
- ・リーダーシップ要件の変化

だということです。なかでもシニア＆ミドルの管理者層が無自覚なまま障害になっており、未来に向かう勢いを削いでいるということです。

この物語（ナラティブ）から、より深いナレッジオーディット（組織の知の監査）が必要だと感じていただければ幸いです。

上記に挙げた問題の解決策を提示することが目的ではなく、もっと根本的なことが私たちの狙いです。それは、イノベーションを軸に、組織の社会的文化的システム、つまりよりよく組織の知を活用するための「知の生態系」を再構築することです。

2019 年にはイノベーション経営に関する世界共通の規格、イノベーション・マネジメントシステム ISO56000シリーズが公開されました。前年にはナレッジマネジメントの規格 ISO30401 も交付されました。知識創造やイノベーションに適した新たな経営の基盤、マネジメントシステムを再構成（リワイヤリング）する時代が到来しています。世界中の優良企業がいま真剣に挑戦しているのは、ヒエラルキーを排し、社会や人間的価値を提供する、目的とイノベーションに基づく経営の実現です。本レポートがその契機となることを期待して止みません。

補1：モニター調査について

■調査形式
インターネット調査

■調査地域
全国

■調査対象者
下記（①〜④and 条件）
①従業員数 300 人以上且つ
　創業 10 年以上の民間企業の従業員
②正社員
③入社 3 年以上
④課長相当以上

■サンプル数
合計 412s

経営・役員	部長相当	課長相当
22	153	237

■実査期間
2019 年 12 月 16 日〜 17 日

■対象者属性

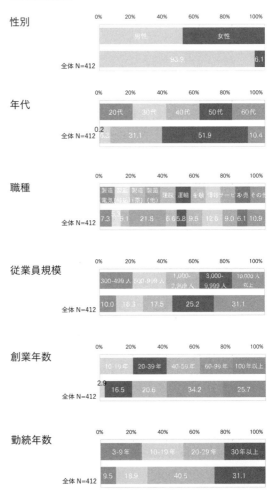

性別
年代
職種
従業員規模
創業年数
勤続年数

補2：モニター調査について

図表1：経営課題（喫緊 vs 5年後）

喫緊の課題

課題	割合
人材の強化	42.5
収益性向上	37.4
売り上げ・シェア拡大	34.5
働きがい・エンゲージメント	23.5
新製品・新サービス・新事業の開発	20.4
事業基盤強化・再編	17.5
技術力・研究開発力の強化	16.5
顧客経験価値・満足度の向上	15.3
デジタル技術の活用・戦略的投資	13.6
商品・サービス・技術の品質向上	13.3
ブランド力の向上	8.5
グローバル化	8.3
コーポレート・ガバナンスの強化	7.3
リスク管理・事業継続計画（BCP）の策定	6.6
株主価値向上	5.3
企業ミッション・ビジョン・バリュー	4.9
オープンイノベーションの実現	3.6
CSR、CSV、事業を通じた社会課題の解決	2.7
わからない	2.4

5年後の課題

課題	割合
人材の強化	36.9
収益性向上	28.6
売り上げ・シェア拡大	23.5
働きがい・エンゲージメント	21.8
事業基盤の強化・再編	20.4
デジタル技術の活用・戦略的投資	17.0
新製品・新サービス・新事業の開発	16.3
商品・サービス・技術の品質向上	15.8
技術力・研究開発力の強化	14.8
グローバル化	13.3
顧客経験価値・満足度の向上	11.9
ブランド力の向上	10.4
企業ミッション・ビジョン・バリュー	8.0
オープンイノベーションの実現	7.5
コーポレート・ガバナンスの強化	6.8
リスク管理・事業継続計画（BCP）の策定	6.3
株主価値向上	5.6
CSR、CSV、事業を通じた社会課題の解決	5.3
わからない	3.6

複数回答により「当てはまる」と回答した人の割合

補３：モニター調査について

図表２：変革への認識

現状の事業モデルのまま、これからのデータ社会に対応するのは困難だ	70.2%
我が社の事業形態/収益構造は、リーマンショック当時からほとんど変わっていない	58.5%
GAFAの出現やデータ社会の到来に備えて、自社の事業モデルを大きく変革させている	50.0%

肯定層（非常に当てはまる＋当てはまる＋やや当てはまる）の割合

図表３：エコシステム形成

我が社は単なるモノではなくソリューションやコトといった経験価値を顧客に提供している	43.0%
我が社では閉じられたバリューチェーンではなく、オープンな協業や提携により顧客に価値提供をして…	30.1%
エコシステムという考え方が経営内部で議論されている	22.6%

肯定層（非常に当てはまる＋当てはまる）の割合

図表４：エコシステムという考え方が経営内部で議論されている（業種別比較）

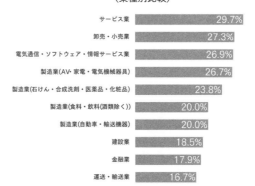

サービス業	29.7%
卸売・小売業	27.3%
電気通信・ソフトウェア・情報サービス業	26.9%
製造業(AV・家電・電気機械器具)	26.7%
製造業(石けん・合成洗剤・医薬品・化粧品)	23.8%
製造業(食料・飲料(酒類除く))	20.0%
製造業(自動車・輸送機器)	20.0%
建設業	18.5%
金融業	17.9%
運送・輸送業	16.7%

肯定層（非常に当てはまる＋当てはまる）の割合

補4：モニター調査について

図表5：ビジョン経営

項目	肯定層
経営者は会社のためだけでなく、社会善に照らして正当な目的・ビジョンを打ち出している	47.6%
自分自身が、組織の存在意義や事業の目的に強く共感している	45.1%
自組織の事業には社会的な意義がある	58.7%
仕事を通じて社会やお客さまへ貢献している実感がある	56.3%

肯定層（非常に当てはまる＋当てはまる）の割合

図表6：組織特徴

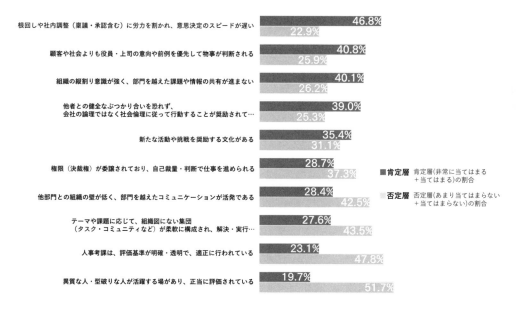

肯定層　肯定層（非常に当てはまる＋当てはまる）の割合

否定層　否定層（あまり当てはまらない＋当てはまらない）の割合

項目	肯定層	否定層
根回しや社内調整（稟議・承認含む）に労力を割かれ、意思決定のスピードが遅い	46.8%	22.9%
顧客や社会よりも役員・上司の意向や前例を優先して物事が判断される	40.8%	25.9%
組織の縦割り意識が強く、部門を越えた課題や情報の共有が進まない	40.1%	26.2%
他者との健全なぶつかり合いを恐れず、会社の論理ではなく社会倫理に従って行動することが奨励されて…	39.0%	25.3%
新たな活動や挑戦を奨励する文化がある	35.4%	31.1%
権限（決裁権）が委譲されており、自己裁量・判断で仕事を進められる	28.7%	37.3%
他部門との組織の壁が低く、部門を越えたコミュニケーションが活発である	28.4%	42.5%
テーマや課題に応じて、組織図にない集団（タスク・コミュニティなど）が柔軟に構成され、解決・実行…	27.6%	43.5%
人事考課は、評価基準が明確・透明で、適正に行われている	23.1%	47.8%
異質な人・型破りな人が活躍する場があり、正当に評価されている	19.7%	51.7%

著者

仙石太郎 Taro Sengoku

株式会社リワイヤード代表取締役。一般社団法人 Future Center Alliance Japan 理事。大塚食品株式会社監査役。大学卒業後、富士ゼロックスに入社し、法人営業、人材開発部門を経て、2000年より知識経営コンサルティングを行う KDI の立ち上げに参画。大手顧客を中心に、知識を視点軸とした働き方と場のデザイン、業務改革、新規事業開発などの支援サービスを提供。2016年～19年価値創造コンサルティング部長。2019年富士ゼロックスを退職し、組織変革とイノベーションの実践支援を生業とする株式会社リワイヤードを設立< https://www.rewired.co.jp/ >。共著書に『サラサラの組織：あなたの会社を気持ちいい組織に変える、七つの知恵』（ダイヤモンド社）、『ソフトウェアテスト HAYST 法入門』（日科技連出版社）などがある。

荻原直紀 Naoki Ogiwara

ナレッジ・アソシエイツ・ジャパン株式会社代表取締役。Knowledge Associates International（英国ケンブリッジ）取締役。ナレッジ・マネジメント、組織変革、イノベーション経営の支援・実践・研究に20年以上関わり、数多くの国内外大手企業、国際機関、政府機関の変革を支援。富士ゼロックス KDI、世界銀行 上級知識経営担当官、アジア生産性機構 調査企画部長などを歴任。一般社団法人 Japan Innovation Network の IMSAP スタジオディレクターとして、イノベーション・マネジメントシステムの国際規格の普及にも努める。著書に『Knowledge Management Tools and Techniques Manual』、『中小企業のためのナレッジ・マネジメント事例集』（APO）などがある。経営学修士（Babson College MBA 首席卒業）、慶應義塾大学法学部卒。

向江美緒 Mio Mukoe

むこえ分析室代表。シンクタンク、市場調査会社を経て、2001年独立。組織調査、市場調査のデータ分析を中心に活動。知識経営、リーダーシップに関する調査・分析経験が豊富。一橋大学大学院野中郁次郎名誉教授の知識創

造研究／組織リーダーシップ研究において多変量解析を担当。旧 KIRO（現 Ecosyxlab）や富士ゼロックスと連携し、知識経営や知識創造活動（SECI）に関する調査研究を行う。一般社団法人 Future Center Alliance Japan（FCAJ）の BAO（Ba Architecture Office）メンバー。

田中順子 Junko Tanaka

編集者。青の時 Publishing 主宰。社会科学系、人文思想系の出版プロデュース、コンテンツ制作を数多く手がける。知識創造理論に関する複数の書籍の編集に携わる。企業、NPO、大学、学術研究機関、医療機関、また個人に至るまで、幅広く広報支援活動も行う。医療政策学修士 (MMA)。

紺野登 Noboru Konno

多摩大学大学院経営情報学研究科教授。エコシスラボ株式会社代表。慶應義塾大学大学院 SDM 研究科特別招聘教授、一般社団法人 Japan Innovation Network (JIN) Chairperson 理事、Future Center Alliance Japan(FCAJ) 代表理事。デザイン経営・デザイン思考、知識創造経営、目的工学、イノベーション経営などの研究と実践を行っている。著書に『構想力の方法論』(日経 BP)、『知識創造経営のプリンシプル』（東洋経済新報社）（以上野中郁次郎氏との共著）、『知識デザイン企業』『イノベーターになる』（日本経済新聞出版社）、『イノベーション全書』（東洋経済新報社）などがある。

企業変革を牽引する新世代リーダー

ダイナモ人を呼び起こせ

2023年10月20日　第1版第2刷発行

著　者	知識創造プリンシプルコンソーシアム
	（仙石 太郎、荻原 直紀、向江 美緒、田中 順子、紺野 登）
発行者	杉本 昭彦
編　集	日経デザイン（大山繁樹）
発　行	株式会社日経BP
発　売	株式会社日経BPマーケティング
	〒105-8308　東京都港区虎ノ門4-3-12
	https://www.nikkeibp.co.jp/books/
装　丁	小口翔平＋阿部早紀子（tobufune）
制　作	アーティザンカンパニー
印刷・製本	大日本印刷株式会社

ISBN978-4-296-10906-7　Printed in Japan